천자문千字文 공부
[8권]

동봉 스님의

천자문千字文
공부
[8권]

동봉東峰 스님 우리말 번역 및 해설

도서출판 도반

동봉東峰 스님

강원도 횡성에서 태어나 1975년 불문에 귀의하였다. 해인사 승가대학, 중앙승가대, 동국대 불교대학원에서 공부했다.

법명은 정휴正休, 자호는 일원一圓, 법호는 동봉東峰, 아프리칸 이름은 기포kipoo起泡다.

1993~1997년 BBS 불교방송에서 〈살며 생각하며〉, 〈자비의 전화〉 등 26개월에 걸쳐 생방송을 진행하였다.

동아프리카 탄자니아에서 52개월간 머물며 말라리아 구제 활동을 했으며 한국 불교인으로서는 최초로 아프리카에 '학교법인 보리가람스쿨'을 설립하였고 탄자니아 수도 다레살람에 매입한 학교 부지 35에이커와 킬리만자로 산기슭에 개척한 부처님 도량, 사찰 부지 3에이커를 조계종 산하 '아름다운 동행'에 기증하여 종단에서 '보리가람농업기술대학교'를 세워 2016년 9월 개교, 운영하고 있다.

곤지암 '우리절' 창건주이자 회주로서 책, 법문, 소셜미디어 등을 통해 부처님 법을 전하고 있으며, 특히 〈기포의 새벽 편지〉 연재는 3,700회 가까이에 이르고 있다. 지금은 광주 우리절 주지로서 수행자로서의 삶을 이어가고 있다.

《사바세계로 온 부처님의 편지》, 《마음을 비우게 자네가 부처야》, 《아미타경을 읽는 즐거움》, 《불교 상식 백과》, 《밀린다왕문경》, 《평상심이 도라 이르지 말라》, 《반야심경 여행》, 《법성게》, 《내비 금강경》, 《음펨바 효과》, 《시간의 발자국이 저리 깊은데》, 《동몽선습 강설》, 《디마케터 스님》 등 70여 권의 저서와 역서가 있다.

차 례

177 성省궁躬기幾계誡 9

178 총寵증增항抗극極 22

179 태殆욕辱근近치恥 37

180 림林고皐행幸즉卽 49

181 량兩소疏견見기機 62

182 해解조組수誰핍逼 74

183 색索거居한閑처處 88

184 침沈묵默적寂요寥 103

185 구求고古심尋논論 119

186 산散려慮소逍요遙 133

187 흔欣주奏누累견遣 145

188 척慼사謝환歡초招 158

189 거渠하荷적的력歷 170

190 원園망莽추抽조條 183

191 비枇파杷만晚취翠 194

192 오梧동桐조早조凋 206

193 진陳근根위委예翳 218

194 낙落엽葉표飄요飆 230

195 유游곤鵾독獨운運 242

196 능凌마摩강絳소霄 254

197 탐眈독讀완翫시市 267

198 우寓목目낭囊상箱 280

199 이易유輶유攸외畏 293

200 속屬이耳원垣장墻 306

<177>
성省궁躬기譏계誡
총寵증增항抗극極

0705 **살필 성** 省

0706 **몸 궁** 躬

0707 **나무랄 기** 譏

0708 **경계할 계** 誡

비방함이 있게되면 몸을살피라
총애늘면 항거심이 극에달하고

0705 살필 성省

살필 성, 덜 생省 자는
눈목目 부수에 뜻모음會意 문자입니다.
작은 것少까지 자세히 본다目 하여
특별한 관심을 가지고 '살피다'를 뜻합니다.
자세히 상대편을 본다는 데서
스스로를 깊이 반성한다는 뜻도 됩니다.
또는 소少를 글자의 한 부분으로 하기 때문에
덜다, 생략하다少란 뜻이기도 합니다.
고대 중국에서는 성省이
궁중宮中, 금중禁中의 뜻이었습니다.
아무나 드나들 수 없는 금지구역
지밀至密의 세계입니다.

옛날 중국의 중앙정부에서는
관내에 중서성中書省을 두었지요.
요즘 말로 옮긴다면 중앙비서실일 것입니다.
요즘 중국 지방행정 구획 이름입니다.

허베이성河北省을 비롯하여 허난성河南省과
서쪽으로 싼시성陝西省, 간쑤성甘肅省 등처럼.
또한 미국, 영국, 일본 등 일정한 부문을
관리하고 지도하는 행정기관으로
우리나라의 부部에 해당한다고 보면 좋습니다.

살필 성省 자로 새길 경우
살피다, 깨닫다, 명심하다, 관청, 관아
마을, 대궐 등의 뜻이 있고
덜 생省 자로 새길 경우 덜다, 허물
재앙 등으로 새길 수 있습니다.
관련 한자로는 살필 성, 덜 생의 본자 살필 성이 있고
살필 찰察, 살필 심, 빙빙 돌 반審, 생각할 고, 살필 고攷
살필 체, 울 제諦 등 글자가 있습니다.

0706 몸 궁 躬

躬

몸 궁 躬은 몸신변 身에 활 궁 弓 자입니다.
꼴 身 소리 弓 문자입니다.
앞서 힘쓸 면 勉 자를 풀며 몸 푸는 얘길 했습니다.
그런데 오늘 몸 궁 躬 자입니다.
몸과 관련된 한자는 헤아릴 수 없이 많지만
몸 신 身 자가 대표격인 글자입니다.
그런데 이 몸 신 身 자는 임산부의 몸입니다.
담긴 뜻으로는 몸, 신체, 자기, 자신, 활
화살을 메워서 쏘는 기구, 과녁 아래 위의 폭, 몸소
스스로, 직접, 몸소 행하다, 스스로 하다, 몸에 지니다
굽히다, 곤궁하다 따위입니다.

몸 궁 躬은 '살아있는 몸'입니다.
몸 신 身은 몸의 대표적 글자이기에
살아있는 몸은 말할 것도 없고 '시신 屍身'이란 말이 있듯이
죽은 사람의 몸에도 쓰일 수 있는 글자입니다.
그러나 몸 기 己 자나 몸 궁 躬 자는 다릅니다.

굳은 몸이 아니라 굽혀지는 까닭입니다.
몸이 '뱀己'처럼 휠 수 있다는 것은
몸에 생명력이 함께 깃들어 있음입니다.
몸身이 활弓처럼 굽어질 수 있음도
역시 살아있는 몸의 모습입니다.
그럼 시체屍體라고 쓸 때는 어떻습니까.
몸 체體 자에는 몸身 대신
뼈骨가 뜻으로 오지 않았느냐는 것입니다.

맞습니다.
시체屍體는 시신屍身과 마찬가지로
살아있는 자에게도 쓸 수 있고
죽은 시신에게도 쓸 수 있습니다.
시체 대신 사체死體라 하더라도 같습니다.
그러나 보십시오.
인체의 골격인 뼈가 한쪽에만 있습니까?
살아있는 자의 몸이나 죽은 이의 몸에도
뼈는 여전히 존재하니까요.

몸 신身 자가 나온 김에
짚고 넘어갈 얘기가 하나 있습니다.
몸 신身 자를 나라이름 건身으로 새긴다 했습니다.

나라이름 건身으로 새기는 것은
쓰마치엔의 역저 《史记》에서 기인합니다.
난 아직 확인하지는 못했습니다만
쓰마치엔이 어떤 사람입니까.
중국 역사상 최고로 꼽는 역사학자지요.

옛날 서적들을 뒤적이다 보면
'인도India'의 음역 중에는
인도印度 외에 어떤 문헌에서는 신독身毒으로
어떤 자료에서는 연독捐毒으로
또 어떤 데서는 건독乾毒으로 표기했습니다.
심지어 '건독乾dock'으로 쓰기도 했습니다.
이는 '티엔주天竺Tianzhu'와는 또 다릅니다.
'티엔주'도 인도India의 음역이긴 합니다.
아무튼 우리는 이를 읽을 때
우리는 선뚜身毒Shendu를 '신독'으로
쥐엔뚜捐毒Juandu를 '연독'으로
치엔뚜乾毒Qiandu를 '치엔뚜'가 아닌
그냥 우리 발음 '건독'으로 읽을 뿐이었습니다.

사실 알고 보면 선뚜, 쥐앤뚜, 치엔뚜 등과
심지어 티엔주라는 음역까지도

인디아India를 발음대로 표기한 것입니다.
우리나라처럼 작은 나라에서도 쌀을 살이라 발음하고
경제를 겡제라 발음하는가 하면
어서 오십시오를 '혼저 옵서예'라 하고
어떻게를 '우야노' '우티게'라 합니다.
가장 먼저 쓰는 말 '어머니'만 해도
'어무이' '어머이' '엄마' '에미' '어멈' 등
여러 가지 호칭이 있습니다만
어머니, 엄마를 벗어나지 않습니다.

따라서 우리는 문어체도 알아야겠지만
구어체에 대해서도 알아 둘 필요가 있습니다.
구어체를 문어체로 읽다 보면
잘 알려진 화두 시썸머是甚麼Shishenmo를
시심마로 읽는 우愚를 범하곤 합니다.
원어 발음 '시썸머'가 안 된다면
최소한 '시삼마' 정도로는 읽어야 하겠지요.
그런데 이를 시심마로 읽는대서야 어떻습니까?
아무래도 좀 심하지 않습니까?
게다가 어떤 학자들은 신독, 연독, 건독 등
음역에 쓰인 한자의 뜻을 번역합니다.

사드THAAD에 대한 글을 실었더니
어느 분이 제게 질문을 해 왔습니다.
자신은 불교 신자가 아니라고
솔직하게 알려주는 친절도 잊지 않았습니다.
그가 말했습니다.
"요즘 사드 때문에 많이 시끄럽지 않습니까?
그래서 제가 사드를 중국어에서 찾아보니
살덕薩德이라 되어 있던데 사실인가요?"

나는 그의 관심이 고마워 대답했습니다.
"살덕이라면 '보살 살薩'에 '큰 덕德'이던가요?"
듣기에는 '살덕'보다 '살떡'으로 들렸습니다.
차라리 '쌀떡'이라면 군침이라도 돌지
'살떡'은 발음 자체가 좀 그렇습니다.

짧은 순간이지만 혼자 망상을 피우는 중에
그가 깜짝 놀라며 되물었습니다.
"아니 스님, 그걸 어떻게 아셨습니까?"
"네, 거사님 대강 짐작에 그럴 거라 싶어서…"
"맞습니다. 스님. 그래서 얘긴데요.
번역하면 '보살의 덕'이란 뜻이 됩니다."
"그렇습니까? 그렇게 번역이 되던가요?"

"살상 무기에는 어울리지 않겠지만
분명 '보살의 덕'으로 푸는 게 맞습니다."
내가 얼른 덧붙였습니다.
"거사님 말씀대로 '보살의 덕'이 맞습니다.
공격용 미사일이 아니라 방어용 미사일이니
게다가 대한민국과 대한민국 국민의
생명과 재산을 보호하기 위한 것이니까요."
그가 다급한 목소리로 말했습니다.
"그게 아닙니다. 그게 아닌데~뚜둑!"
전화는 비록 끊어졌으나 뒷맛은 개운치 않았습니다.

0707 나무랄 기 譏

비웃을 기譏 자로도 새기는데
말씀언변言이며 꼴소리 문자입니다.
말씀言이 뜻이고 몇 기幾가 소릿값입니다.
담긴 뜻으로는 비웃다, 나무라다, 기찰하다
행동 따위를 넌지시 살피다, 간하다, 책하다, 원망하다
싫어하다입니다.
'간諫하다'라는 말의 뜻은 웃어른이나 임금에게
또는 스승과 선배에게
옳지 못하거나 잘못된 일을 지적하여
고치도록 간곡히 권하는 말입니다.

관련된 한자로는 비웃을 기讥, 비웃을 치嗤, 비웃을 조嘲
비웃을 조啁, 비웃을 조譸, 비웃을 해哈, 비웃을 신哂
비웃을 치, 희롱할 롱弄 자가 있습니다.

0708 경계할 계誡

경계할 계誡 자는 말씀언변言이며 꼴소리 문자입니다.
경계할 계戒 자와 통하는 자며
뜻을 나타내는 말씀 언言에
소릿값의 계戒가 만나 이루어졌습니다.

계戒에는 재가 5계 세속 5계 등이 있는데
죄악罪惡을 저지르지 못하게 하는
경계警戒, 훈계訓戒 등의 규정입니다.
신라 시대에는 화랑 오계가 꽤 유명했지요.

기독교에 의하면 시내산Mt.Sinai에서
모세에게 내렸다는 하나님의 계시가 있습니다.
곧 사람을 죽이지 말라
남의 것을 훔치지 말라
거짓으로 증거하지 말라
남의 아내를 탐내지 말라
남의 종과 가축을 탐내지 말라

어버이를 공경하라

안식일을 지켜라

여호와의 이름을 함부로 일컫지 말라

우상에 절하고 섬기지 말라

여호와 외에 다른 신을 섬기지 말라입니다.

천도교의 사계명四誡命이 유명하지요

01. 마음을 이랬다 저랬다 하지 말라

02. 욕심 때문에 사귐을 저버리지 말라

03. 헛말로 세상을 미혹시키지 말라

04. 하늘을 속이지 말라

승려가 지켜야 할 행동 규범으로

오계五戒, 십계十戒, 이백 오십계二百五十戒

오백계五百戒, 사미계沙彌戒, 보살계菩薩戒

비구 비구니계比丘 比丘尼戒 등이 있습니다.

또한 경계할 계誡 자는

훈계訓戒를 목적目的으로 하여 짓는

한문 문체文體의 하나입니다.

경계하다, 고하다, 분부하다, 명령하다, 훈계하다, 경고

경계, 교령, 임금의 명령, 계율

불자가 지켜야 할 규범이 있습니다.
관련된 한자로는 경계 잠箴, 경계 렬/열浤
경계할 계誡, 諆, 경계할 격譑, 경계할 기諅
경계할 경警, 儆, 憼, 譤, 경계할 칙/꾸밀 식飾, 饰, 餙
경계할 승憴 자 등이 있습니다.

부처님의 마지막 말씀이 떠오릅니다.
"비구들이여!
게으르지 말고 정진하라!"
이보다 더 엄중한 계율은 없습니다.

<178>
성省궁躬기譏계誡
총寵증增항抗극極

0709 **고일 총** 寵

0710 **더할 증** 增

0711 **겨룰 항** 抗

0712 **다할 극** 極

비방함이 있게되면 몸을살피라
총애늘면 항거심이 극에달하고

0709 고일 총寵

사랑할 총, 현 이름 룡寵, 갓머리 ㅗ 부수에
용 룡龍 자가 만나 이루어진
꼴소리 문자입니다.
옛 새김 '고일 총'은 '사랑할 총'입니다.
소설가 김성동 선생의《천자문》187쪽에
'고일 총'으로 새겨 놓아 가져왔습니다만
'고이다'는 '물이 고이다'처럼 뜻이 다릅니다.
옛말은 '굄'이 맞고 움직씨는 '괴다'며
그림씨로는 '괼'이 맞습니다.
하지만 '고일 총'이 좋아 가져왔습니다.

용龍이라는 동물은 청력이 빵점입니다.
용은 상상의 동물이기는 하지만
인간의 문화에서 늘 높은 품격을 자랑합니다.
용안龍顔이라면 임금의 얼굴을 뜻하고
용상龍床이라 하면 임금의 자리이거나
또는 큰스님의 사자좌를 얘기하곤 합니다.

특히 중국문화에서 용을 빼놓을 수는 없습니다.

불교문화권에서도 마찬가지고요.
그런데 이 용이 귀가 어둡습니다.
그래서 용 룡龍 부수에 귀 이耳 자를 붙이면
귀먹을 롱聾 자가 되어버립니다.
이 말에는 무슨 뜻이 담겨있을까요.

임금 자리에 있는 이가 가장 먼저 챙길 것이
무엇보다 백성의 소리에 귀를 여는 것인데
일단 왕이 되고 나면 귀를 닫습니다.

닫고 싶어 닫는 경우도 있겠지만
대부분 아랫사람이 왕의 귀를 막아버립니다.
임금님 귀는 열린 당나귀 귀이어야 하는데
용의 귀처럼 아예 닫힌 귀가 된 것입니다.
용과 임금의 비근한 예는 이처럼 '듣기'입니다.
그러니 총애를 받고자 한다면
왕의 열린 귀를 폐쇄회로로 만들어
오로지 자신에게만 열려 있게 만드는 것이지요.

폐쇄회로는 개방회로와 다른 개념으로서

받아들이는 대상을 한정시킵니다.
속칭 CC카메라라든가 또는 CCTV가 폐쇄회로지요.
하나의 입측장치가 출측장치를 사용하는 동안에는
다른 입측장치로부터 사용요구가 있더라도
그 출측장치로는 접속할 수 없도록
그렇게 이루어진 시스템 장치입니다

임금의 총애는 임금 자신이 만들기도 하지만
대개는 이처럼 총애를 받는 자가
스스로 자기에게 국한되도록 유도합니다.
총애가 필요한 곳이 반드시 있습니다.
아내와 남편의 사랑은 개방회로가 아니고
연인과 연인의 사랑도 폐쇄회로라야 하지요.

그러나 왕의 사랑은 개방회로여야 합니다.
용에 대한 얘기를 한번 볼까요.
용이란 일단 뱀과 비슷한 파충류입니다.
파충류는 사람처럼 항온동물恒溫動物이 아니라
환경에 따라 체온을 달리하는 변온동물입니다.
사람은 일정한 체온에서 몇 도 이상 오르거나
급격한 저체온이 왔을 때
치명적이지만 변온동물은 힘을 쓰지 못할 뿐

햇볕을 쬐어 다시 체온을 올리면 됩니다.

왕을 용에 비유한 것은 왕은 하늘이 낸 사람이기에
극한 상황에서도 체온 조절로 살아날 수 있듯
쉽게 죽지 않는다는 생각으로
용의 세계와 자연스레 연결했을 것입니다.
용은 네 개의 발을 지녔으니 뱀은 아닙니다.
뱀과 용이 다른 1차적 요인으로는
다름 아닌 발이 있느냐 없느냐입니다.
용의 발톱이란 말이 있고 뱀의 발蛇足이란 말이 있듯이
용의 발톱은 본디부터 있는 것이고
뱀의 발은 본디부터 없는 것이 맞습니다.

2차적 3차적 요인은 용은 수염이 있는데
뱀은 어디에도 수염이 없습니다.
용은 불을 뿜고 물을 뿜는데
뱀은 불이나 물 대신 독을 뿜습니다.
용은 여의주가 있는데 뱀은 독샘이 있지요.
수염이 있는 것으로 메기가 있긴 한데
메기가 용의 유전자와 일치할까요.
아무튼 용은 임금을 상징하고
오직 임금의 사랑만을 총애寵愛라 합니다.

그러나 지금은 용어의 쓰임새가 넓어졌지요.
남달리 귀여워하고 사랑함이 총애입니다.
직장에서 상사의 남다른 사랑도
그룹에서 감독의 특별한 사랑도
심지어 하느님의 사랑까지도 총애라 합니다.
하느님의 총애는 은총의 사랑이지요.

담긴 뜻으로는 사랑하다, 괴다, 교만하다, 높이다, 굄
유난히 귀엽게 여겨 사랑함, 영화, 영예, 첩, 은혜
성의 하나입니다.
관련 한자로는 굄 총寵 자를 비롯하여 굄 총宠, 굄 폐嬖
굄 혜憓, 굄 아啊, 굄 넘惔, 굄 기忯, 굄 흠憵
사랑 자慈,慈, 사랑 애愛,忢 자가 있습니다.

0710 더할 증 增

增

더할 증 增 자는 꼴소리 문자입니다.
더할 증 增 자의 본자本字지요.
더할 증 외에 '겹칠 층'으로도 새깁니다.
흙 토土 부수에 일찍 증曾 자인데
'일찍이'라는 시간적인 이름(빠르기)과
흙무더기라는 물질이 더해
'더하다'란 개념으로 쓰이게 되었습니다.

'더할 증增' 자로 새길 때
더하다, 많아지다, 늘다, 늘리다, 불어나다
미워하다, 증오하다, 선물하다, 다시, 새로이
더욱, 한층 더의 뜻이 되고
'겹칠 층增'으로 새길 경우
겹치다, 거듭하다 따위의 뜻이 있습니다.

증곡曾谷이란 벗이 있습니다.
승속僧俗에서 사람인 亻을 뺀 이름입니다.

절에 들어온지 42년째 접어들었지만
중僧이라 하자니 계 지님이 뚜렷하지 않고
속俗이라 하자니 계를 등짐도 없습니다.
비속非俗이라 하자니 외학外學을 즐기고
비승非僧이라 하자니 늘 내전內典과 함께합니다.

속俗은 골짜기谷와 더불어 사는 사람亻이고
승僧은 일찍이曾와 함께 사는 사람亻입니다.
어떤 사람들은 이렇게 얘기합니다.
일찍曾 깨어있는 사람亻이 중僧이고
골짜기谷에 빠져있는 사람亻이 속인俗이라고
어쩌면 이 말이 맞을 수도 있을 것입니다.

겉으로 보면 중僧의 모습이면서도
내실은 한없이 뒤처진 생각으로 살아가고
외형은 아무리 보아도 속인俗인데
틀谷을 벗어난 해탈 장부가 얼마나 많습니까.
나는 함께 어울리길 원합니다.
골짜기가 생명이 살아갈 공간이라면
일찍이는 생명이 생명을 이어갈 시간입니다.
골짜기와 일찍이가 손잡고 함께 걷는 것입니다.

세간俗이라는 공간을 점유하려면
탈속僧이라는 시간도 있어야 합니다.
나는 나의 벗 증곡曾谷에게 얘기합니다.
"자네 이름이 증곡인 것은
일찍이曾에서도 인위人爲를 떠났고
골짜기谷에서도 인위를 떠났으니
인위人爲를 떠나 응무소주應無所住일 때
자네는 비로소 참 증곡生其心이 될 걸세."라고 말입니다.

0711 겨룰 항抗

겨룰 항, 큰길 강抗은
재방변扌이 부수며 꼴소리 문자입니다.
뜻을 나타내는 재방변扌과
소릿값을 나타내는 동시에
높다는 뜻의 항亢으로 이루어졌습니다.
본디 손으로 높이 올림을 나타냈지만
나중에 경쟁하다, 다투다의 뜻이 되었지요.

담긴 뜻으로는 겨루다, 대항하다, 대적하다, 들다
들어올리다, 막다, 저지하다, 높다, 올리다, 승진시키다
구하다, 두둔하다, 감추다, 숨기다
물을 건너다 따위입니다.

세상을 살아가는 데는 4가지 힘이 있기에 가능합니다.
4가지 힘이라면 자연계에 들어있는
중력과 전자기력, 약력과 강력이겠지요?
그렇기도 하지만 질량을 갖고 있는 물체가
움직이기 위해 필요한 운동에너지입니다.

4가지 힘이란 곧 다음과 같습니다.
첫째는 양력揚力Lift force입니다.
둘째는 중력重力Weight force입니다.
셋째는 추력推力Thrust force이고
넷째는 항력抗力Drag force입니다.
이건 비행기가 하늘을 나는 힘이라고요.
정답인 것만은 지극히 맞습니다.

그런데 비행기뿐만 아니라
사람이 두 발로 걸어감에 있어서도
손수레 하나를 밀고 가는 데도

도로 위에서 자동차를 운전해감에 있어서도
이 네 가지 힘은 반드시 필요합니다.

양력이 없다면 발바닥이 땅에서 떨어지지 않고
중력이 없다면 뗀 발이 땅에 닿지 않을 것이며
추력이 없다면 몸이 앞으로 나아가지 않고
항력이 없다면 걷다가 멈출 수가 없습니다.
자동차를 운전해가는데 항력이 없다면
다시 말해 타이어와 도로의 마찰력이 없고
달리는 속도를 제어할 공기 저항력이 없다면
아! 생각만 해도 끔찍한 일입니다.

나랏님을 비롯하여
백성으로부터 위임을 받은 한량閑良들이
나라 살림을 살아가는 데 있어서도
이 네 가지 힘은 반드시 필요합니다.
정부가 추진하는 일에 한량들의 비판이 없다면
브레이크 없는 자동차를 모는 격이고
정부가 하는 일에 발목만 잡는다면
자동차 시동은 걸게 하면서도
아예 바퀴를 쇠사슬로 묶어놓는 격입니다.

핸들이 조향 장치라면 브레이크는 속도 조절장치입니다.
자동차는 달려야 하고 멈추어야 합니다.
목적지를 정하는 것은 정부이고
목적지를 향해 달려갈 때
조정하는 것은 한량들이 할 일입니다

어떤 정부도 제지하는 야당이 있다는 것은
그 국가 그 사회는 그만큼 건전한 것이고
국가와 국민의 안위를 위하여
열심히 일하는 정부가 있다는 것도
매우 바람직한 제도입니다.

나는 감히 얘기합니다.
중국이나 북한이 맨발 벗고 뛴다 하더라도
미국을 넘을 수 없고 한국을 추월할 수 없음은
그들에게는 민주주의가 없는 까닭입니다.
그래서 항력抗力은 더없이 소중합니다.
그러나 만일 항력이 너무 지나치면
국가가 아예 서서 굴러가지 못할 수 있습니다.
민주주의도 민주주의 나름이라고요?

0712 다할 극極

극진할 극, 다할 극極은 꼴소리 문자지요.
용마루의 뜻을 나타내는 '나무 목木'과
소릿값 '빠를 극亟'이 합하여
'지극히' 높다 '지극히' 빠르다 등에서
'지극히'만을 가져온 글자입니다.
빠를 극亟은 '자주 기亟'로도 새기는데
빠름에는 '자주'라는 뜻도 들어있습니다.
위 아래二가 막힌 곳에서
말口과 손짓又으로 서서
일을 마무리了 하라고 지시함입니다.

담긴 뜻으로는 극진하다, 지극하다, 다하다, 이르다
어떤 장소나 시간에 닿다, 이르게 하다, 미치게 하다
다다르다, 세차다, 엄하다, 매우 철저하고 바르다
혹독하다, 죽이다, 징벌하다, 바로잡다, 고치다, 병들다
지치다, 괴롭히다, 내놓다, 멀다, 잦다, 잇따라 자주 있다
재빠르다 등과 극, 한계, 남북의 두 끝, 하늘, 별 이름

북극성, 정점頂點, 최고의 자리, 제위帝位, 임금의 자리
지붕 한가운데 가장 높은 수평 마루, 용마루, 중정, 근본
매우, 심히, 기둥과 기둥 사이에 건너지른 대들보, 깍지
활 쏠 때 사용하는 기구, 장갑, 흉사
흉악한 일 등이 들어있습니다.

지축地軸의 양쪽 끝, 곧 북극과 남극이 있고
지축이 천구를 자르는 점이 있으며
은하면에 수직된 직선이
천구를 관통하는 점으로 은하극이 있고
전지에서 전류가 드나드는 두 끝으로
곧 음극과 양극을 나타내는 전극입니다.
어떤 점의 한 곡선이나 곡면에 관한
극선極線을 얘기하며 극면極面을 생각할 때의
그 점을 일컫습니다.
또는 동물축動物軸의 양끝을 극이라 합니다.
어떤 명사의 앞에 붙어 매우, 극심한
또는 아주, 극히 따위의 뜻을 나타내며
더할 수 없는 막다른 지경을 가리킵니다.

관련 한자로는 길마 겹/극진할 극/다할 극极, 裕
곤할 곤困, 다할 추, 낮을 초湫, 다할 진殄, 다할 진盡,

다할 궁, 궁할 궁窮, 다할 갈/다할 걸竭,
끝 단/헐떡일 천/홀 전端, 가난할 빈貧 자 등이 있습니다.

총애가 늘면 기어오르기 쉽듯
지위가 높아지면 교만해지기 쉽습니다.
하늘의 은총이 점점 늘어날 때
설마 하늘에게까지 기어오르는 건 아니겠지요.

<179>
태殆욕辱근近치恥
림林고皐행幸즉卽

0713 **위태할 태** 殆

0714 **욕될 욕** 辱

0715 **가까울 근** 近

0716 **부끄러울 치** 恥

위태롭고 부끄럽고 욕을보리니
숲과늪을 의지하여 편히지내라

0713 위태할 태 殆

殆

거의 태/위태할 태殆 자는
죽을사변歹에 꼴소리 문자입니다.
뜻을 나타내는 죽을사변歹=歺과
소릿값을 지닌 동시에 재난의 뜻을 나타내는
태풍 태台 자로 이루어졌습니다.
위태함을 뜻하는 글자입니다.
또 비슷할 사似에 통하여
가깝다의 뜻과 거의의 뜻을 나타내고 있지요.
비로소 시始는 자궁子宮Womb이고
위태할 태殆는 무덤墓Tomb입니다.
모든 사람은 어머니 자궁에서 시작했고
누구나 흙의 세계 무덤에서 마무리합니다.
따라서 시작始은 어머니女로부터였고
마무리는 흙土의 세계莫로 돌아감입니다.

소릿값이 동일한 태台라 하더라도
비로소 시始 자에서는

포태胎에서 육달월이 탈락한 곳에
어머니를 상징하는 계집녀女가 자리했고
여기 위태로울 태殆 자에서는
모태의 상징 계집여女가 있던 자리에
언젠가 죽을 사歹 자가 떡하니 붙었습니다.
생명은 태어날 때殆도 한없이 위태롭고
죽을 때殆도 엄청난 두려움에 직면합니다.

위태危하다는 것은
아득하게 바라다보이는 높은 곳厃에서
고소공포에 오금과 족심足心이 저려오기에
한없이 위태롭다危는 뜻입니다.
잘못 삐끗하면 그대로 황천길이니까요.
또한 위태殆하다는 것은
삼합 집스 아래 긴 네모口 토굴은
한 길을 넘지 않는 깊이임에도 불구하고
하얀 뼈무더기歹를 남길 곳입니다.

죽으면 죽었지 그게 뭐 위태殆하냐고요.
초연한 자는 그렇게 얘기하겠지만
생명은 죽음을 두려워합니다.
사람에게는 생각이 있기에

그렇다 해도 생각할 줄 모르고
철학할 줄 모르는 아주 미세한 벌레까지도
천적이 다가오면 본능적으로 달아납니다.
생명의 세계는 위태로움을 아는 까닭입니다.

담긴 뜻으로는 거의, 대개, 장차, 반드시, 마땅히, 가깝다
비슷하다, 가까이하다, 접근하다, 위태하다, 위험하다
위태롭게 하다, 해치다, 의심하다, 피곤하다, 지치다
두려워하다, 게으르다 따위입니다.

관련된 한자를 볼까요.
위태할 위危, 위태할 태殆, 위태할 늠懍, 위태할 늠懔
위태할 얼鮠, 위태할 얼掣, 위태할 올阢, 위태할 올甈
위태할 급圾, 위태할 율嚦, 위태할 날/위태로울 얼陧
돌 위태한 모양 률碟, 돌 위태할 균碅 자입니다.

0714 욕될 욕 辱

욕될 욕辱 자는 생각보다 과학적입니다.
별진辰 부수에 마디촌寸 자를 놓은
뜻모음會意 문자입니다.
하늘에 뜬 별時辰은 시간을 의미합니다.
옛날 농경사회에서는
농부가 언제 밭을 갈아 씨를 뿌리고
언제 김을 매고 언제 거름 주고 북돋울지
알맞은 시기辰와 법도寸를 알아야 했습니다.

농사 때를 어긴 자를 욕보이고
심한 경우 책임자는 파직시키고
더 나아가 처형하는 일까지도 있었습니다.
그도 그럴 것이 농사가 천하의 근본이었으니까.
때辰와 법도寸를 어긴 자를 욕보였다 하여
'욕보이다'의 뜻으로 쓰이게 되었지요.

담긴 뜻으로는 욕설, 꾸지람, 몹시 부끄럽고 치욕적인 일

몹시 수고롭거나 고생스러운 일, 욕되다, 수치스럽다
더럽히다, 욕되게 하다, 모욕을 당하다, 욕보이다
무덥다, 황공하다, 거스르다, 치욕, 수치 따위입니다.

0715 가까울 근 近

가까울 근, 어조사 기近 자는
부수가 책받침辶이며 꼴소리 문자입니다.
쉬엄쉬엄 간다는 뜻 책받침辶=辵에
소릿값을 지닌 도끼 근斤이
서로 합하여 이루어진 글자입니다.

도끼斤는 나무를 베는 도구입니다.
여기서 베다 깎다 자르다로 발전하고
나중에 구분 짓는 일을 뜻하게 됩니다.
물건의 주위를 구분하는 일에서
그 주위를 가깝다, 가까이라 표현하고
가까워진다는 뜻으로 표현하기에 이릅니다.

이와 같이 가까울 근近 자를 풀이합니다.

그런데 여기에 다른 뜻이 숨어있지요.
근斤은 도끼나 까뀌도 의미하지만
근斤은 무게를 얘기하며 자그마치 600g입니다.
그런데 옛사람들은 무게를 얘기하면서
"무게가 얼마나 돼?"로도 쓰지만
"근수가 어느 정도야?"라고 했습니다.
곧 근斤이 무게의 대이름씨로 쓰였습니다.

옛날 저울에 물건을 달 때, 저울추가 걸리는 눈금이
손잡이에서 멀어지면 멀어질수록 무게가 많이 나가고
가까우면 가까울수록 무게가 가볍습니다.
물건을 파는 사람은 가까운 게 좋고
물건을 사는 사람은 먼 게 좋았을 것입니다.
그런데 정말 꼭 그랬을까요?
반드시 그렇지는 않았을 것입니다.

이처럼 가까울 근近은 가벼운 근수斤에서
그 의미와 소릿값을 가져왔을 것입니다.
그리고 또 가까울 근近 자에 담긴 뜻은
셈을 나타내는 체언 뒤에 붙어서

그 아래의 말이 나타내는
수량數量이나 시간時間 등에
'가까움'을 나타내는 말입니다.
가깝다, 닮다, 비슷하다, 가까이 지내는 사람, 근친, 일가
집안, 친척, 천박하다, 생각이 얕다, 가까이하다
친하게 지내다, 사랑하다, 총애하다, 요사이, 요즘, 알다
근처, 곁, 가까운 곳, 가까이, 가까운 데서
어조사語助辭 기로 새기기도 합니다.

0716 부끄러울 치恥

부끄러울 치恥 는 마음심心 부수이며
꼴소리形聲 문자입니다.
부끄러울 치耻의 본자입니다.
뜻을 나타내는 마음심心/忄 과
소릿값을 지닌 동시에
붉다의 뜻을 나타내는 귀 이耳 자로 이루어진 글자입니다.

마음속으로 자기 자신을 돌아보면서
얼굴이 붉어지다의 뜻을 나타내고 있습니다.
담긴 뜻은 부끄러워하다, 부끄럽게 여기다, 욕보이다
창피猖披를 주다, 부끄럼, 남에게 당한 부끄러움
욕, 치욕 따위입니다.

치욕恥辱은 한데 묶으면 부끄러움이지만
대체로 욕辱은 바깥에서 들어오고
치恥는 안에서 밖으로 나오는 것입니다.
농사를 짓는 데는 시기辰가 필요합니다.
요즘은 비닐하우스 재배가 있고
유리로 만든 온실에서 키우기도 합니다.
그러므로 시기에 구애를 받기보다
빛과 온도 습도 따라 농사를 짓습니다.
그러나 옛날에는 자연의 질서에 따라
함초록小滿에 목화 심고
모내기芒種에 모내고 밀 거두고
한여름夏至에 감자를 캡니다.

선가을立秋에 무와 배추씨를 뿌리고
찬이슬寒露에 벼를 베며
선겨울立冬에 김장을 합니다.

물론, 이는 내가 40여 년 전 강원도에서 농사 짓던
나의 '농사 일정표'였습니다.
옛사람들은 양력을 잘 쓰지 않았기에
절기에 의해 한해의 농사 일정을 짰습니다.
왜냐하면 절기는 태양력을 기준하니까요.

서튼봄立春은 언제나 2월 4일경이고
농삿비穀雨는 늘 4월 19일을 전후하며
곳더위處暑는 8월 23일경이고
함박눈大雪은 12월 7일경입니다.
한겨울冬至이 음력으로는 들쑥날쑥하지만
양력은 언제나 12월 22일경입니다.
지금은 구태여 절기를 쓰지 않더라도
양력으로 농사를 지으면 문제가 없습니다.
이처럼 농사일도 시간과 공간에 의존하지요.

노지露地 재배조차도 이처럼 과학 영농을 떠나
아무 때나 아무렇게나 지을 수는 없습니다.
농사를 제때 제대로 짓지 못했다고
엄벌에 처했다는 기록이 이해하기 힘들겠지요.

그러나 요즘 회사를 운영하고

나라를 경영함에서도 때가 있습니다.
농부가 시새움淸明에 볍씨를 뿌리려는데
볍씨를 제때에 공급해주지 않으면
이때는 어떻게 해야 합니까.
나랏일도 농사와 같아 제때란 게 있습니다.
우리나라는 여러 번의 국치國恥를 겪었습니다.
임진왜란 때는 국방을 소홀히 하여
왜를 불러들이는 부끄러움을 드러내었고
정묘호란과 병자호란은 어떠했습니까.

근명원청近明遠淸의 외교적인 부실에서
청나라에 무릎을 꿇고 고두례를 올렸습니다.
삼전도三田渡의 굴욕이지요.
경술국치는 생각하기도 싫습니다.
다시 왜에게 나라를 통째로 바치는
실로 부끄러움 중의 큰 부끄러움이었습니다.
원인을 어디에서 찾을까요?
욕辱으로 시작된 부끄러움恥이
귀耳를 통해 들어가 마음心을 적십니다.
그러나 개인의 부끄러움을 벗어나
나라國의 부끄러움恥은 정치인이 부릅니다.
치욕은 남이 만들어 줌이 아닙니다.

언제나 내가 만들고 우리가 받습니다.

<180>
태殆욕辱근近치恥
림林고皐행幸즉卽

0717 **수풀 림** 林

0718 **언덕 고** 皐

0719 **다행 행** 幸

0720 **곧 즉** 卽

위태롭고 부끄럽고 욕을보리니
숲과늪을 의지하여 편히지내라

0717 수풀 림 林

나무목木 부수에 뜻모음 문자입니다.
나무 2그루를 나란히 놓아
나무가 많은 숲을 의미하고 있습니다.
영어로는 forest며 이는 숲의 대이름씨입니다.
다른 말로 grove라 하는데
이는 규모가 아주 작은 숲의 뜻입니다.
또는 몇 그루 안 되는 나무를 얘기합니다.

관련된 한자로는 나무 목木, 수풀 림林, 수풀 삼森
나무 수樹 자 등이 있습니다.
이처럼 나무가 1그루 있으면 나무 목木이고
2그루 이상 있으면 수풀 림林이며
3그루 이상 있으면 수풀 삼森입니다.

수풀 림林과 수풀 삼森이 지닌 뜻이
같을까요, 다를까요?
결론적으로 보면 커다란 차이는 없습니다.

수풀 림林은 들에 있는 나무숲이고
수풀 삼森은 산에 우거진 나무숲입니다.
임林은 2그루의 키가 똑같지 않습니까.
이는 나무가 자라는 곳이 들이기 때문입니다.

같은 높낮이에서 자라는 까닭에
수풀 림林 자의 두 그루 나무의 키가 같습니다.
이에 비해 수풀 삼森 자는 다릅니다.
나무 키의 높이가 다르다면
이들 숲은 산에 우거진 나무숲입니다.
임학林學에서는 임林을 대표로 들고 있는데
나무가 많이 우거져있는 것은 사실입니다.
임학에서는 크게 2가지로 구분하고 있습니다.
임지林地와 임목林木이 바로 그 예입니다.

여기서 다시 여러 가지로 나뉘는데
천연림天然林, 시업림施業林, 시업림始業林
시험림試驗林, 단순림單純林, 혼효림混淆林 등입니다.
천연림은 사람의 손길이 닿지 않은
글자 그대로 천연으로 이루어진 삼림이고
시업림施業林은 특수한 목적을 위하여
인위적으로 만든 삼림입니다.

공용 숲이거나 또는 인공 숲 따위입니다.
또한 시업림始業林도 위와 만찬가지로
특수 목적을 위해 인위적으로 만든 삼림입니다.
우리절이 있는 광주시 도척면 시어골은
아래서 어느 정도 고도를 오르면
높은 산이 모두 서울대학교 시험림입니다.
시험림은 농과대학이나 학술단체 등에서
시험용으로 기르는 숲입니다.
그리고 단순림은 숲의 80% 이상이
한 가지 나무로만 이루어진 숲을 일컫습니다.
혼효림混淆林은 단순림과 반대의 뜻으로
혼성림混成林, 혼합림이라 합니다.
혼효! '마구 뒤섞여있다'는 의미처럼
바늘잎나무針葉樹와 갈잎넓은잎나무闊葉樹가 혼재한
아한대亞寒帶 남부로부터 온대 북부에 분포하는데
쓸모있는 나무가 풍부하다고 할 것입니다.

내가 숲에 대해 관심을 갖게 된 것은
동아프리카 탄자니아에서 시작되었습니다.
나보다 먼저 탄자니아에 진출하여
고속도로 옆에 휴게소를 짓고
오가는 길손에게 이야기를 들려주던 벗에게 아들이 있는데 그가 산림학과 출신이었습니다.
벗은 밤이 이슥토록 나무 이야기였습니다.
어떤 때는 하루를 나무에서 시작하여
나무로 끝을 맺을 정도였습니다.
아들이 산림학을 전공하다 보니
아버지도 반半산림학도가 된 것입니다.

산림山林의 분류는 임학을 연구하는 이들 몫이라
여기서 다 설명할 수 없고
여기서는 산림이 아니라 삼림森林입니다.
임야林野가 평평한 들野의 숲林이듯
산림山林은 가파른 산山의 숲林이 맞습니다.
그런데 어찌하여 숲이라고 하면
산숲森이 아니고 들숲林이 대표가 됩니까.
산은 삼림한계선森林限界線을 넘어서면
나무가 뿌리를 내리거나 자라지 못합니다.
그러나 들숲을 이루는 식물들은
거의 높낮이에 관계없이 초목이 자랍니다.
우리나라처럼 산에 나무가 많음은
실로 행운 중의 행운이고 기쁨 중 기쁨입니다.
그러나 다들 잘 아시다시피 삼림한계선은
크게 7가지로 나뉘는데

이는 반드시 고도에 따른 것만이 아니라는 것이지요.

1. 북극삼림한계선
2. 남극삼림한계선
3. 고산살림한계서
4. 노출삼림한계선
5. 사막삼림한계선
6. 다습삼림한계선
7 . 토질삼림한계선

수풀 림林 자에 담긴 뜻으로는
수풀, 숲, 모임, 집단, 사물이 많이 모이는 곳, 야외
들, 시골, 한적한 곳, 임금, 군왕, 많은,
많다, 모양 다위입니다.

0718 언덕 고 皋

언덕 고, 못 고, 부를 호로 새기는데
흰백白 부수에 상형 문자입니다.
언덕 고, 못 고, 부를 호皞의 본자입니다.
네 발 짐승의 머리뼈와 주검을 본뜬 글자지요.
언덕, 후미, 물가나 산길이 휘어서 굽어진 곳, 못
넓고 오목하게 팬 땅에 물이 괴어 있는 곳, 물가, 늪, 논
오월의 다른 이름, 고을 이름, 자기 배 두드리는 소리
 농락하다, 높다, 느리다, 늦추다, 성의 하나, 부르다
부르는 소리 따위 뜻이 담겨 있습니다.

언덕은 다른 말로 둑이고 방죽입니다.
늪지대 주변 약간 높은 곳, 못 둑을 가리키는 말입니다.
하긴 우리나라 제주 한라산 3개를 포갠 높이의
마운틴 킬리만자로Kilimanjaro를
하나의 언덕imanjaro이라 표현했으니
 서양 사람들과 우리의 언덕 개념이 많이 다릅니다.

0719 다행 행 幸

다행 행幸 자는 방패간干 부수에 뜻모음 문자입니다.
위에는 일찍 죽을 요夭 자가 있고
아래에는 거스를 역屰 자가 버티고 있으니
일찍 죽게 될 것을 거스르는 일입니다.
우리말에 액땜이란 말이 있습니다.
어쩌다 안 좋은 일이 생겼을 때
그 좋지 않은 일로 인하여
더 큰 재난을 미리 땜질했다고 퉁치는 것인데
삶의 과정에서 터득하는 여유로움입니다.

어제 오후,
교통사고 이후 다시 도진 허리통증 때문에
한의원에서 침을 맞았습니다.
그리고 문득 눈에 띈 '동산리마애여래상' 간판…
나는 '향토유적 제9호'로 등록된
'동산리마애여래상'을 찾아나섰습니다.
내비게이션이 위성의 힘을 빌려

가야 할 목적지를 정확히 알려주었고
나는 아미타불 마애여래상을 참배했습니다.
참으로 아름다운 조각예술이었습니다.

마애여래상을 참배하고 나서
더위를 식히려고 잠시 가게에 들렀다가
차를 후진시켰습니다.
그런데 뭔가 부딪치는 게 있었습니다.
얼른 차에서 내려 보니
단 몇초 전에도 없던 빨간색 승용차가 거기 있었습니다.
상대차 조수석 뒤쪽 차폭 등 겸 브레이크 등
유리에 살짝 금이 갔습니다.
내가 미안해서 어쩔 줄 모르자
그 차의 젊은이가 내게 한 마디 던졌습니다.

"스님, 오늘 제 차와 부딪친 접촉사고로 인해
앞으로 오래도록 큰 사고는 없으실 겁니다.
오늘 액땜 제대로 하셨거든요."
나는 30대 중반의 젊은이 말에 감동했습니다.
마애여래상을 참배한 공덕도 있겠지만
같은 말이라도 그렇게 해주니 고마웠지요.
물론 사후 처리는 양쪽 보험회사에 연락하여

깔끔하게 마무리를 부탁했습니다.
담긴 뜻으로는 다행, 행복, 좋은 운, 뜻하지 않은 좋은 운
거동, 임금의 나들이, 은총, 베풀어 준 은혜, 오래 사는 일
다행히, 운 좋게, 다행하다, 운이 좋다, 요행, 기뻐하다
임금이 사랑하다, 임금의 사랑을 받다, 바라다, 희망하다
행복하게 하다, 행복을 주다, 은혜를 베풀다
일을 차리어 벌이다, 좋아하다
즐기다 도와주어 혜택을 받게 하다 따위입니다.
관련 한자로는 놀랠 녑, 엽, 다행 행幸, 요행 행倖
복 복, 간직할 부福 자입니다.

0720 곧 즉卽

곧 즉卽 자는 병부절卩이 부수며
뜻모음會意 문자입니다.
곧 즉即 자의 본자이고요
먹을 것을 푸짐하게 담아 놓은 그릇 앞에
사람이 무릎을 꿇고 있음을 나타낸 글자입니다.

식탁에 좌정한다는 뜻에서
나중에 '자리 잡다'의 뜻으로 이어지고
'밀착密着하다'에서 '곧' '바로'가 되었습니다.

음식 앞에 무릎을 꿇는다고요?
곧 즉卽 자를 풀이하면서 웬 음식이며
무릎을 꿇다니 곧 즉 자에 그게 나옵니까?
밥 식食 자에서 사람 인人 자를 빼면 뭐가 남습니까.
그렇습니다. 병부절卩, 㔾이 생략된 '곧 즉卽' 자입니다.
밥 식食 자에서 보듯 먹고 사는 문제는 매우 중요합니다.

어느 날 스승 고암 큰스님께서 말씀하셨습니다.
"출가하여 부처님 제자가 되었다면
가장 먼저 해야 할 일이 무엇이겠느냐?"
제가 대답했습니다.
"네 스님, 부처님 법을 열심히 배움입니다."
그러자 스승님께서 말씀하셨습니다.
"부처님 전에 사시마지를 잘 올리는 일이니라."
어린 제자는 답할 뿐이었습니다.
"네, 스님. 네, 큰스님."

나의 스승님은 대선사시며, 대율사시며

조계종정을 세 차례 역임하신 대종사이셨습니다.
그런데 대종사 고암 큰스님께서 하신 말씀은
자칭 좀 깨어있다는 이들이라면 쏟아내는
상투적인 '마음 법문'이 아니었습니다.
부처님의 사시마지를 들고 나오신 것입니다.
스승님께서는 말씀을 이으셨습니다,
"마찬가지로 차라리 예불을 빠질지언정
공양 시간에 빠지는 것은 안 되느니라.
스님네가 걸핏하면 공양에 빠지곤 하는데
불전에 마지를 궐闕하는 것보다 더 나쁘니라."
참으로 엄청난 말씀이셨지요.
내 기억으로 스승 고암 대종사께서는
공양을 거르신 적이 거의 없으셨습니다.

음식食은 한없이 소중합니다.
음식은 오로지 인간만이 아닙니다.
동물도 식물도 곤충도 저 작은 미생물까지도
그들에게 먹이보다 소중한 것은 없습니다.
깨어있는 이들은 마음의 중요성을 들먹이지만
그들도 먹지 않고 살 수는 없습니다.
마음이 중요하지 않다는 게 아닙니다.
지나치게 마음에 치우침을 얘기할 뿐입니다.

내 앞에 놓인 음식食 앞에서
음식의 소중함을 알아
감사한 마음으로 정례할 수 있음은
곧 음식의 소종래所從來에게 감사함입니다.
세상의 어떤 위대하고 아름다운 진리도
음식에 대한 고마움을 제외한 채
그 자체로는 거룩할 수 없습니다.
곧 즉卽 자는 음식의 소중함을 일깨우는
가장 소박한 일상의 진리입니다.

관련된 한자로는 곧 즉卽, 마디 절節 자가 있습니다.
그리고 담긴 뜻으로는 다른 게 아니라 곧, 이제, 만약
만일, 혹은 그렇지 아니하면, 가깝다, 가까이하다
나아가다, 끝나다, 그러할 때는, 그렇게 될 때는, 불똥
바로 그것이, 더 말할 나위 없이 따위입니다.

<181>
량兩소疏견見기機
해解조組수誰핍逼

0721 두 량 兩

0722 성길 소 疏

0723 볼 견 見

0724 기틀 기 機

한나라의 소광소수 기미를보아
인끈풀고 낙향하니 누가막으랴

0721 두 량 兩

위 글자는 두 량, 냥 냥兩 자로도 새깁니다.
한 일一 자가 부수며 상형 문자입니다.
일설에서는 들입入 자로 부수를 삼습니다.
영어로 Both라 하듯이
'양쪽의' '두 사람의' '쌍방의'의 뜻입니다.
두 량兩 자는 저울추 두 개가
나란히 매달려 있는 모양을 본뜬 글자지요.
그리하여 '둘' 또는 '한 쌍'을 뜻합니다.

벼 12낟알이 1푼分이고
12푼이 1수銖며, 24수가 1냥兩입니다.
무게 기준은 황종黃鍾에서 비롯되지요.
관악기의 하나로 피리龠에는
1,200개의 기장 알이 들어갑니다.
이 무게가 12수이니 1냥의 절반인 셈입니다.
이처럼 냥 냥兩 자로 새길 경우
냥은 무게의 단위이며 나중에 돈의 단위로도 쓰이고

둘, 한 쌍의 뜻으로 쓰이게 되었습니다.

이 두 량兩 자에서 위의 한 일一 자는 하늘을 뜻하고
멀 경冂 자는 대기권大氣圈의 이미지며
수건 건巾의 곤丨은 하늘과 땅의 연결이고
2개의 들 입入 자는 관계성입니다.

세상은 관계 속에서 유지되어갑니다.
크게는 하늘과 땅의 관계며
작게는 원자原子와 원자의 관계입니다.
두 량兩 자에는 관계성이 들어있습니다.
사람과 사람의 관계성이며
사람과 동물의 관계성이며
동물과 식물의 관계성이며
식물과 미생물의 관계성이며
미생물과 무생물의 관계성입니다.
더 나아가 시간과 공간의 관계성입니다.
관계를 불교에서는 '인연因緣'이라 하지요.

담긴 뜻으로는 두, 둘, 짝, 쌍, 두 쪽, 동등한 것, 기량
기능, 수레를 세는 단위로 50승乘이 1량, 대대隊
편제 단위로 25명이 1량, 무게의 단위, 38g이 1냥, 필

길이의 단위, 30자 또는 40자, 짝하다, 장식하다, 꾸미다
아울러, 겸하여 따위입니다.
관련 한자로는 두 량, 냥 냥兩, 两, 网
칼날 인/두 량刃 자가 있습니다.

0722 성길 소疏

소통할 소疏 자로도 새깁니다.
짝 필疋 부수에 꼴소리 문자입니다.
소疏는 본디 소疎의 와자訛字입니다.
와자란 와전된 글자란 뜻이지요.
소疏 자의 짝 필疋 자는 '발 소'라고도 합니다.
이른바 맨발이고 벗은 발이란 뜻입니다.
필疋 대신 족足을 쓰기도 합니다.
양말을 벗고 맨발疋이 되었을 때
신었을 때와 달리 소통의 기쁨을 느낍니다.

양말洋襪은 직역하면 서양洋 버선襪이지요.

양말은 대체로 나일론으로 되어있습니다.
1940년대 초 나일론 스타킹이 등장하면서
양말의 세계에 천지개벽이 일어났습니다.
그러나 나일론은 면綿Cotton과 달리
신축성이 있어 흘러내리지는 않지만
그만큼 피부에 반드시 좋은 것만은 아닙니다.

양말을 벗었을 때 얼마나 시원하던지
옷을 갈아입기 위해 벗었을 때와
욕실에서 알몸이 되었을 때의 그 해방감이란!
이 맛을 비유한 게 해탈解脫입니다.
해탈은 고름을 풀고 띠를 풂이 해解이고
알몸月이 되었을 때의 기쁨兌이 탈脫입니다.

더 정확하게 얘기한다면 해解는
《장자莊子》〈양생주養生主〉에서 나온 말로
소牛의 뿔角을 잡고 칼刀로 해체解하는
도살업자 얘기에서 비롯된 것입니다.
그리고 탈脫은 속박으로부터의 해탈에서
그리고 부처님의 가르침에서 기인한 말입니다.

아기를 가지면 기운이 막혀 통하지 않고

아기를 낳으면 통한다고 합니다.
그래서 아기 낳는 일을 '몸을 푼다' 하지요.
해산解産은 한자를 빌린 우리말이고,
출산出産은 일본어투의 생활 용어인데
이는 마치 가족家族이란 일본어풍보다
식구食口라는 우리말이 더 직접적이듯
나는 해산이란 말을 많이 썼으면 싶습니다.

소疏와 소疎는 같은 글자입니다.
뜻을 나타내는 동시에 소릿값을 나타내는
짝 필疋 자와 물의 흐름을 뜻하는
흐를 류㐬 자가 합하여 이루어진 글자입니다.
흐를 류㐬 자는 물의 흐름이 맞지만
강이나 개울에 흐르는 물 흐름이 아니라
머리 위 샤워 꼭지에서 쏟아지는 물입니다.

샤워할 때 물이 약해 방울방울 떨어진다면
아! 생각만 해도 얼마나 답답하겠습니까.
게다가 몸과 머리카락 그리고
얼굴에 비누질까지 한 상태라면 난감하겠지요.
샤워 꼭지의 물이 시원스레 나옴이 소疏입니다.

그리고 흐를 류疏 자는 빗질입니다.
마당을 쓸고 방을 쓰는 비질과
머리를 빗는 빗질은 실로 움직씨가 같습니다.
아무튼 머리를 처음 빗을 때
얼개를 쓰고 나중에는 참빗을 사용하지요.
본디 참빗의 용도는 머릿니를 걸러냄이지만
마지막으로 단장을 위한 빗으로도 썼습니다.

빗질이 끝나 엉킨 머리가 가지런해지면
그 기쁨 또한 작은 게 아닙니다.
나는 가끔 턱수염을 쓰다듬습니다만
머리카락의 빗질도 같은 느낌이 아닐는지?
샤워 꼭지의 물이 시원스레 나오고
가지런해진 머릿결을 느끼는 기쁨처럼
삶에 있어서 소통은 무엇보다도 소중합니다.

담긴 뜻으로는 소통하다, 깔다, 상소하다, 트이다
멀어지다, 새기다, 드물다, 성기다
물건의 사이가 뜨다, 상급 법원에 재심을 요구하다
빗질, 주석, 채소 따위입니다.
양소兩疏는 중국 치엔한前漢Qianhan
쒸앤띠宣帝Xuandi(B.C73~B.C49재위) 때

태자의 큰스승太傅 수꾸앙疏廣Shuguang과 더불어
수꾸앙의 조카로 태자의 보조 스승少傅이었던
수써우疏受Shushou를 일컫습니다.
이들 숙질叔姪은 고관대작이었으면서도
나아가고 물러갈 때를 안 이들이었습니다.
벼슬아치 역사상 깨끗한 모범을 남긴 사람들입니다.

0723 볼 견見

볼 견, 뵈올 현見으로도 새깁니다.
볼 견見 자는 뜻모음 문자입니다.
견見, 현見, 안석궤几 부수는 사람인儿
눈 목目은 눈, 봄見은 눈의 기능으로 보는 일
나중에 이쪽에서 보는 것을 시視라 하고
저쪽에서 절로 나타나는 것을 견見으로 나누어 썼습니다.

사람이 사람을 판단하는 것은
다른 어떤 부위도 아닌 눈目입니다.

볼 견見 자는 어진사람인儿 위에
달랑 눈目 하나를 올려놓았을 따름입니다.
보통 눈은 가로㓁로 되어있는데
어찌하여 정작 가로 눈은 그물 망㓁이고
세로 눈目을 눈이라 하고 있을까요.
실제 볼 견見 자의 갑골문자나
금석문자는 가로눈㓁으로 되어 있습니다.

어렸을 때 훈장님이 내게 말씀하셨지요.
"소인은 눈동자를 좌우로 굴리고
군자는 눈을 위 아래로 살피느니라
좌우에는 손해와 이익이 있고
위아래는 오직 하늘과 땅일 뿐이니라"

그렇습니다. 눈 목目 자가 눈의 생김새㓁와 다른 것은
생김새에 있지 않고 눈의 쓰임에 있습니다.
볼 견見 자에서 우리가 구할 것은 '보다'라는 남움직씨보다
'보이다, 나타나다' 라는 제움직씨입니다.
'견성성불見性成佛'만 놓고 보더라도
성품을 보고 나서 부처를 이룸이 아닙니다.
성품이 드러날 때 완성된 부처는 나타나지요.
여기 《千字文》에서 기미機를 봄見은

자동사가 아닌 타동사가 맞습니다.

볼 견 자로 새길 경우
보다, 보이다, 당하다, 견해 따위며
나타날 현, 뵐 현으로 새길 경우
뵙다, 나타나다, 드러나다, 보이다, 소개하다, 만나다
현재, 지금 따위의 뜻이 들어 있습니다.
관련 한자로는 볼 견, 뵈올 현見, 나타날 현現, 볼 시視
뵐 근覲, 볼 관觀, 뵐 알謁, 나타날 현顯
숨을 은隱 자 따위가 있습니다.

0724 기틀 기機

기틀 기, 기미 기, 틀 기機 자는
나무목木 부수에 꼴소리 문자입니다.
뜻을 나타내는 나무 목木과
소릿값인 틀 기幾로 이루어졌습니다.
담긴 뜻은 틀, 기계, 베틀, 기틀, 고동, 기계 장치, 재치

기교, 거짓, 허위, 기회, 때, 시기, 계기, 권세, 갈림길
분기점, 찌, 글을 써서 붙이는 좁은 종이쪽, 비롯하다
위태롭다, 위험하다. '기機'는 단말기, 사진기, 승강기
세탁기처럼 어떤 이름씨 뒤에 붙어
기계나 일정한 기술 설비를 갖춘
어떤 장치의 뜻을 나타내는 말입니다.

또는 어떤 이름씨 다음에 붙어
KAL, 아시아나, EK처럼 항공기를 나타내며
항공기 따위의 수를 세는 단위이기도 합니다.

근기根機에는 3가지가 있습니다.
첫째 상근기上根機가 있고
둘째 중근기中根機가 있으며
셋째 하근기下根機가 있습니다.
상근기는 다만 회초리 그림자만 보고도
나아갈 길을 꿰뚫어 아는 이고,
중근기는 회초리를 맞고 난 다음에야
비로소 겨우 움직이는 자며
하근기는 회초리로써 아무리 때리더라도
일어나 걸어가지 않는 자라고 합니다.
관련 한자로는

책상 궤/틀 기/모탕 예,기/기계 계械 자 따위가 있습니다.
아침朝의 나라 신선鮮한 햇살이여!
그 찬란한 나라의 빛을 회복한 날입니다.
우리 삶의 햇살과 우리 모두 마음의 햇살은
나름대로 잘 회복되고 있겠지요?

<182>
량兩소疏견見기機
해解조組수誰핍逼

0725 풀 해 解

0726 짤 조 組

0727 누구 수 誰

0728 핍박할 핍 逼

한나라의 소광소수 기미를보아
인끈풀고 낙향하니 누가막으랴

0725 풀 해 解

解

풀 해解 자는 뿔 각角 부수며 뜻모음會意 문자입니다.
풀 해解 자의 본자로서 소牛와 뿔角과
칼刀이 합쳐진 글자입니다.
소의 살과 뼈를 따로 바르는 데서
물건을 풀어헤치다, 가르다의 뜻이며
풀어 밝히는 일, 풀이, 해괘解卦, 방정식의 뿌리根
작은 문제를 풀어서 얻은 도형
미분방정식을 만족시키는 함수 등입니다.
의혹을 푸는 데 쓰는 한문의 한 체며
백제 8대 성姓의 하나입니다.

그 밖에 담긴 뜻으로는 풀다, 벗다, 깨닫다, 설명하다
풀이하다, 통달하다, 가르다, 분할하다, 떼어내다
느슨해지다, 떨어지다, 빠지다, 벗기다, 녹이다, 흩어지다
떠나가다, 쪼개다, 분열되다, 그치다, 화해하다
문서로 보고하다, 압송하다, 기원하다, 신에게 빌다
세월을 보내다, 게으르다, 마주치다, 게을리하다

우연히 만나다 따위와 주해, 주석, 구실, 변명, 핑계, 관청
관아, 해태, 시비 선악을 판단할 줄 아는 동물, 문체 이름
괘卦의 이름, 게蟹, 마디의 뜻이 들어있습니다.

0726 짤 조組

짤 조組는 실사변糸이며, 꼴糸소리且 문자입니다.
뜻을 나타내는 실타래, 실사변糸과
소릿값인 차且가 만나 이루어졌습니다.
소릿값 조且는 또 차且 자이지만
'또 차且'의 오리지널 소릿값은 '조'입니다.
이는 소릿값인 동시에 꼴로 나타나는데
차且 자를 자세히 들여다보면
물건을 차곡차곡 쌓았음이 느껴집니다.
짤 조組 자는 실을 땋아서 만든 끈糸입니다.
그런데 그것이 나중에 실과 관계없이
물건을 하나하나 짜且 맞추거나 무리가 되게 되었지요

담긴 뜻으로는 베를 짜다, 꿰매다, 조직하다, 빛나다
화려하다, 끈, 줄, 조직의 단위, 풀 이름 따위입니다.
관련된 한자에 '종이 지紙' 자가 있습니다.
실사변糸이라고 하면 소재가 실糸이라는 뜻이지요.
그런데 종이 지紙 자가 실사변糸입니다.
인끈을 뜻하는 조組나 수綬가 모두
실사변糸의 차且고 수受입니다.
조직組織이란 짤 조組 짤 직織인데
조직의 구성은 가로 조組 세로 직織입니다.
조직의 조組의 소릿값인
또 차且 자가 그림으로 봐도 가로 짜임새입니다.

이에 비해 세로 직, 짤 직織 자는
소릿값에서도 세로의 느낌을 느낄 수 있지요.
그런데 종이 지紙 자가 실사변糸입니다.
어린 시절 나는 강원도 횡성에서 자랐는데
횡성이란 지역이 영서지방이면서도
겨울이면 춥고 여름이면 더운 지역입니다.

그런데 그 추운 지방, 혹독한 겨울에
보온이라는 게 겨우 문창호지 한 장이었습니다.
문에 달랑 한지 한 장 바른 게 전부였습니다.

요즘은 페어글래스Pair glass로 꾸미지요.
공기층을 가운데 넣은 2겹 유리입니다.
그런데 달랑 한지 한 장 바른 게
페어글래스보다 더 보온성이 뛰어납니다.
왜 그럴까요? 맞습니다.
한지는 양지와 달리 조직으로 되었습니다.
한지의 우수성을 한번 보실까요.

천 년을 견딘다는 한지, 저탄소 친환경 소재
천연소재인 닥나무로 만들어 인체에 무해
통기성이 좋고 온도 습도 조절 능력 우수하며
한국의 정서와 멋을 잘 나타내며
빛깔이 곱고 은은하며
강인하고 질김 등이 뛰어납니다.
또 친화성이 높아 서화작업에 용이하고
폐지의 재활용이 가능하며, 다양한 색을 낼 수 있고
흡광성吸光性 흡음성의 밀도가 뛰어납니다.
장식성과 실용성이 좋고, 가볍고 운반이 매우 용이합니다,
탈색 변색 없이 산화가 일어나지 않습니다.

한지의 특성을 살펴보겠습니다.
한지의 특징은 생각보다 질깁니다.

한지는 뚫리지 않는다는 것입니다.
생명도 그러하지만 물질도 마찬가지입니다.
한지가 만들어지는 과정에
물과 조화를 이룬 적이 있거든요.
한지의 우수성이 매우 뛰어난 것입니다.
한지는 수명이 오래간다는 것 외에도
보온성과 통풍성이 아주 우수합니다.
한지의 우수성은 그렇습니다.
양지洋紙와 비교해 보면 대번에 알 수가 있습니다.
한지의 조직은 가로와 세로만이 아니라
대각선으로도 연결되어 있습니다.
틀에 얽매이지 않고 자연스럽게 구성된
한지만이 지닌 종이로서의 구조체입니다.

한지의 구조를 다시 들여다보면
한지는 가로선組과 세로선織만이 아니라
틀에 얽매이지 않는 구조체입니다.
이 말은 가로 구조組와 세로 구조織를
결코 부정하는 것이 아닙니다.
이들 조직의 구성체를 떠나지 않고 대각선으로, 원형으로
S자 형으로, 매우 자유롭게 조직되어 있다는 것입니다.

우리는 지구본地球本을 놓고 1차적으로는
경도經와 위도緯만을 봅니다.
모든 사물의 구조가 가로 세로 뿐이던가요.
아닙니다. 그렇지 않습니다.
한지 구조는 은하銀河의 구조체입니다.
은하계의 구조는 매우 무질서합니다.
그런 가운데 운동의 법칙이 아주 정연하지요.

만일 한지의 구조체가 가로의 선만 있다든가
또는 세로의 선만 있다고 한다면
약간만 힘을 주어도 바로 찢어질 것입니다.
사람들이 더불어 살아가는 사회는
한지의 구조체와 완벽하게 동일하지요.
가로 조직 세로 조직 곱셈 기호X 조직을 따릅니다.

둥근형의 조직, 갈지자之 형의 조직
아무렇게나 뒤엉킨 조직으로 짜여 있습니다.
또 한지는 자연현상과 친화하는 성질이 있어서
바람을 잘 통하게 해주는 역할이 있습니다.
한지는 내뿜는 성질이 있는가 하면
습기를 온통 다 빨아들이기도 합니다.
바짝 마른 종이를 이겨내는 힘은 드뭅니다.

마른 상태에서 한지는 매우 강인하니까요.

한지의 유래는 꽤나 오래되었습니다.
우리나라에 한지가 전해진 것은
고구려 소수림왕 2년(서기 372년)
불교와 함께 전래된 것으로 알려져 왔으니
그렇게 볼 때 우리 종이의 역사는
적어도 1650~1700년 전에 이미 시작된 것입니다.
우리나라에서 현존하는 것으로
가장 오래된 종이는 신라의 다라니입니다.
서기 751년 이전의 것으로 추정되고 있습니다.
문화에는 조직이라는 것이 있습니다.
광복절 전후이니 어느덧 꼭 여섯 해가 흘렀습니다.

후배가 〈개통오로소〉를 물어왔습니다.
"선배 스님, 제가 범패를 연구하고 있는데요."
차를 우리면서 나는 무심코 대답했습니다.

"어, 그래 범패를 연구하는데?"
후배가 멋쩍은 듯 우물쭈물하고 있었습니다.
"어서 물어보시게. 뭐가 궁금하신가?"
후배가 자리를 고쳐 앉으며 물었습니다.

"큰스님. '개통오로소'에 대해 알고 싶습니다."
"뭐라! '개통오로소開通五路疏'라고?"
긴장했는지 후배가 말을 버벅거렸습니다.
"네, 큰스님. 개통오로소 맞습니다"
"자네, 본월本月 스님이라 했던가?"
"네, 큰스님, 본월이라 합니다."
"그래, 본월 수좌 뭐가 더 궁금하신가?"
후배가 물었습니다.
"네, 우리나라에서는 최초로 사언절로 옮긴
큰스님의《일원곡》제14권을 보았습니다."
내가 물끄러미 바라보자 말을 이었습니다.
"원문으로 읽을 때는 잘 모르고 있었는데
큰스님의 사언절 역을 읽으면서
수륙재에서 특이한 분들을 발견했습니다."
"삼황오제三皇五帝 중 '오제' 말이신가?"
"네, 큰스님, 내용을 다 기억하고 계십니까?"

내가 웃으면서 답했습니다.
"매우 특이하니까."
"네, 어떻게 오제가 '개통오로소'에 들어있습니까?"
"불교가 중국을 거쳐오면서
중국의 문화와 자연스레 습합되었겠지.

불교 그 자체가 블랙홀a black hole이지 않던가?
어떤 것이든 하나하나 다 배척하지 않고
어떤 것이든 다 흡수하는 불교가 아니던가?"
"네, 큰스님. 저도 그렇게 생각했습니다."
인도 문화와 중국 문화가 하나로 습합되면서
새로운 문화를 빚어냅니다.
문화는 시간적으로 본래부터 있었다거나
공간적으로 완벽한 문화지역은 없습니다.
유형문화재니 무형문화재니 하지만
문화는 인간이 만들어가는 삶의 장르입니다.

그런 의미에서 고대 인도의 문화가
중국으로 들어올 때 현지 문화를 받아들임은
그만큼 불교는 정형적이지 않음입니다.
최상의 경지 아뇩다라삼먁삼보리가
틀에 얽매이지 않는다고 했듯이
불교의 멋은 곧 무유정법無有定法입니다.

불교의식에 삼황오제를 끌어들이든
사서삼경을 이끌어오든
아니면 십삼경의 내용을 가져오든
중요한 것은 바다와 같은 포용성입니다.

바다가 달리 바다이겠습니까.
모든 흐름을 거부하지 않고 받아들이기에
바다(받아)라 한 것이지요.
불교는 모든 생명의 귀의처요 바다입니다.
끝에 가서는 진리로 돌아감입니다.

0727 누구 수 誰

누구 수誰는 말씀언변言의 꼴소리 문자입니다.
뜻을 나타내는 말씀언言과
소릿값의 새 추隹 자로 이루어졌습니다.
담긴 뜻으로는 누구, 무엇, 옛날
발어사發語辭, 묻다입니다.

관련된 한자로는 누구 수誰, 누구 숙/익을 숙孰
누구 수/오직 유唯, 누구 과䜋,
누구 주/이랑 주疇, 幬, 儔, 㠘,
누구 수/꾸짖을 초譙가 있습니다.

'누구'라는 용어가 재밌습니다.
존재는 존재로되 존재의 실상을 모르기에
'누구'라는 말로 뭉뚱그린 것이겠지요.

인류가 처음 다른 종을 느꼈을 때
상대는 같은 '닫는 동물'이 아니었습니다.
하늘을 나는 조류鳥類였습니다.
"우리는 나는 것은 고사하고 날개도 없는데
쟤들은 어떻게 날개를 갖고 하늘을 날지?
도대체 쟤들隹은 누구지?"였습니다.
그것이 언어言로 표현되며 수誰가 생겼습니다.

"사람의 육신은 건강하지도 못하거니와
새나 곤충처럼 날지도 못하고
물고기처럼 자유롭게 헤엄도 못 치고
두더지처럼 땅굴도 잘 파지 못하고
치타처럼 빨리 달리지도 못하고
다람쥐, 청설모처럼 나무를 잘 타지도 못하고
순식간에 파리를 낚아채는 두꺼비의 재주도 지니지 못하고
과연 이 인간이란 무엇일까?"
하는 데서 누구 수誰 자가 탄생하게 되었습니다.

그런데 인간으로 할 수 있는 게 뭘까요.
바로 이 '뭘까' '왜일까' '누굴까' 하는 생각을
끊임없이 일으킬 수 있다는 데 착안하여
인간 삶의 화두 '누구誰'가 생겨났습니다.
데카르트는 생각하기에 존재한다 했지만
생각도 어떤 생각이느냐지요.
바로 '누군가'를 생각할 때 사람이 됩니다.

0728 핍박할 핍 逼

핍박할 핍 逼 자는 책받침辶이 부수입니다.
이 글자 또한 꼴소리 문자이며
'쉬엄쉬엄 가다'라는 책받침辶, 辵과
소릿값에 해당하는 가득할 복畐이
서로 만나 이루어진 글자입니다.
핍박하다, 닥치다, 가까이하다, 몰다, 좁다
좁아지다, 쪼그라들다입니다.

관련된 한자로는 핍박할 핍, 몰 핍偪, 핍박할 박迫
핍박힐 박廹, 핍박할 박, 돌아갈 귀敀, 핍박할 왜刏
핍박할 량刢, 핍박할 강勥입니다.
핍박'이란 단어單語Word는 소중합니다.
내가 남을 핍박하느냐
남이 나를 핍박하느냐에 따라
삶을 느끼는 인생관이 달라지게 마련입니다.

핍박은 잘 알다시피 압력Pressure입니다.
그런데 삶에 있어서 핍박은 필요합니다.
가득할 복畐 자는 저절로 생기지 않습니다.
끊임없이 삶을 조여오고 억누를 때
여유로운 인생관을 터득하게 될 것입니다.
가득하다畐는 것은 간단합니다.
어느 누구ㅡ나 할 것 없이
무엇보다 경제적田으로 여유로울 때
사람口 구실을 제대로 할 수 있다는 것입니다.

살아가면서 힘들지만 고생은 좀 감내하자고요.
처음부터 완벽한 자가 몇이나 되겠습니까.
살아가면서 때로 고뇌하고 단련될 때
그만큼 여유의 외연이 확대되지 않겠습니까.

<183>
색索거居한閑처處
침沈묵默적寂요寥

0729 **찾을 색** 索

0730 **거할 거** 居

0731 **한가할 한** 閑

0732 **곳 처** 處

고요한곳 조용하게 지내는삶은
침묵이요 적요외에 다른것없네

0729 찾을 색 索

찾을 색, 노 삭 索 자는 뜻모음 문자입니다.
발음을 어떻게 내느냐에 따라
담겨진 뜻도 달라지게 마련입니다.
'삭'이라 하면 노끈처럼 이어짐이고
'색'이라 하면 검색처럼 찾는 일입니다.
노끈은 풀잎이나 풀의 줄기로써
두 가닥 또는 세 가닥으로 꼰 것입니다.
'꼬다'라는 움직씨 외에 '따다'도 있습니다.

찾다, 더듬다로 새길 때는 '색'이고
동아줄, 노끈, 바, 새끼, 꼬다, 헤어지다, 쓸쓸하다
다하다일 때는 '삭'으로 새깁니다.
노끈이야 당연히 새끼고 끈이니까
실사변 糸에 쓴 게 맞겠지만
검색 檢索에 왜 실사변 糸이 필요했을까요?

지구에는 본디 가로와 세로선이 없습니다.

실제로 지구 어느 곳에도
경도와 위도의 선이 그려진 데가 없습니다.
이는 우리 인간이 지구 구석구석을
제대로 파악하고 찾아가기 위해
그래프 시스템으로 그려놓았을 뿐입니다.
가장 먼저 시작된 것이 지도 그리기였고
이 지도 그리기를 바탕으로 하여
사실적으로 실측을 했습니다.

지금은 세계적 지도프로그램을 이용하여
전 세계 어디서든 찾고자 하는 위치를
정확하게 검색해주고 있습니다.
검색의 기본 원리는 역시 경도와 위도입니다.
우리나라 도로도 이 원리에 따르지요.
남북으로 이어진 도로 번호는 홀수이고
동서로 연결된 도로 번호는 곧 짝수입니다.
따라서 보이지 않게 그어진 선線이
지구 구석구석을 조직組織하고 있습니다.

찾을 색索 자에 실사변糸이 들어간 게
이제 어느 정도 이해가 갈 것입니다.
찾을 색索 자의 위의 열 십十 자는

위도緯度Latitude와 경도經度Longitude
조組와 직織의 짜임새를 표시한 것입니다.
그리고 민갓머리 ㅗ 는 지붕의 뜻이며
지구를 감싼 대기권의 뜻이며
시공의 세계 곧 우주宇宙를 의미합니다.
민갓머리 아래에 놓인 실사糸자는
으레 검색 시스템의 구조적 이미지입니다.
이는 지도 검색만이 아니라
인터넷 검색 프로그램도 마찬가지입니다.

노 삭索 자는 노가 끄나풀이니까
구태여 설명하지 않아도 좋을 것입니다.
나는 어렸을 때 노 꼬고 새끼 꼬는 경기에서
늘 1등에서 3등 안에 들곤 했습니다.
새끼 꼬기는 나보다 뛰어난 이들이 많았지만
삼麻의 속껍질로 노 꼬는 겨루기에서는
단 한 번도 1등을 놓친 적이 없습니다.

노를 꼬아 노끈을 이용하여
짚자리 왕골자리 부들자리를 짰습니다.
움막집 뒷간의 거적문을 짰습니다.
겨울이면 김치 곳간의 거적문도

추운 겨울 소의 등을 덮어주는 덕석도
심지어 멍석을 짜는 데도 노끈이 필요했지요.

삭거索居는 은거隱居의 뜻이지만
은거의 장소가 한가한 곳閑處이라고 한다면
한가롭게 살아간다는 '삭거索居'는
삶의 양태를 그려내는 그림씨形容詞입니다.
소설가 김성동 선생은 그의 《천자문》에서
아예 '한가로울 삭' 자로 새기고 있습니다.

노를 꼬아 자리 가마니 멍석을 짜고
새끼를 꼬아 이엉을 엮어 초가를 잇고
그렇게 사는 것이 삭거일 것입니다.
노 삭/찾을 색縡, 찾을 탐探, 구할 구求 자도
같은 뜻입니다.

0730 거할 거 居

居

살 거, 어조사 기居라고도 새기는데
육서 구분으로는 꼴소리形聲 문자입니다.
주검시엄尸이 부수로 뜻을 나타내고
고정시키다의 소릿값 고古로 이루어졌습니다.

'거기에 앉아있음'을 뜻하는 글자입니다.
담긴 뜻은 살다, 거주하다, 있다, 차지하다, 자리 잡다
처지에 놓여 있다, 벼슬을 하지 않다, 앉다, 쌓다
저축하다, 곳, 자리, 거처하는 곳, 집, 무덤, 법, 법도, 저축
까닭, 이유, 평상시, 보통 때, 살아있는 사람
의문이나 어조사로 쓸 때는 '기'라고 발음합니다.
'거하다'는 움직씨며 동시에 그림씨입니다.

거하다라는 말은 움직이지 않고는 살아간다고 할 수 없기에
움직씨며 살기는 살되 과연 어떻게 살아가느냐입니다.
험하게 욕되게 고생스럽게 살 것이냐
편안하게 영예롭게 여유롭게 살 것이냐는

같은 삶이면서도 중요한 갈래입니다.

거할 거居 자를 다시 보면
엉덩이를 뜻하는 주검시엄尸이 있고
그 아래 옛 고古 자가 조신하게 앉아있습니다.

옛 고古 자는 열 십十에 입 구口 자로서
수평적으로는 열 사람十의 입口을 거치면
이미 현재가 아니라 옛날이라는 뜻이고
수직적으로는 10대를 내려왔다면
1대를 30년으로 칠 때 으레 옛날이겠지요.
또한 같은 교실, 같은 연병장, 같은 장소에서
앞으로부터 10十명口 뒤尸에 서 있다면
이미 맨 앞사람은 옛사람입니다.
가령《님의 沈默》을 옮김翻譯에 있어서
10명의 번역가를 거쳐갔다고 한다면
원작자의 뜻과는 전혀 다른 번역이 나옵니다.
사람에서 사람으로 전해지는 전법傳法도
물병에서 물병으로 전해지듯 그렇게
고스란히 전해지지는 않습니다.

여기서 짚고 넘어갈 점은 살 거

거할 거居 자에 담긴 뜻입니다.
살다, 거하다라는 말은 현재 진행형입니다.
지나간 거居는 존재하지 않으며
오지 않은 거居도 존재하지 않습니다.
거居는 우리에게 있는 대로 뒷모습尸을 보이며
살다 간 숱한十 사람口들의 삶을 거울로 삼음입니다.

그리고 다가올 미래 후손들에게
어떻게 우리의 뒷모습을 보여줄 것인가 하는
소박하면서도 막중함이 담겨있습니다.
그러나 삶이란 앞사람 꽁무니尸를 따르든
뒷사람들에게 삶의 꽁무니를 남기든
중요한 것은 현재를 살아감입니다.

영어의 Reside에 대해 생각해봅니다.
관련된 한자로는 살 거, 어조사 기尻, 宮, 居
살 주住, 살 활/물 콸콸 흐를 괄活, 깃들일 서棲 자
따위가 있습니다.

0731 한가할 한 閑

閑

한가할 한閑 자는 뜻모음 문자입니다.
한가할 한閒 자가 본자이고
우아할 한嫺 자와 통하는 자며
문 문門 자와 나무목木의 합한 자입니다.
마소牛.馬가 멋대로 도망치지 못하게
마구간 우리 입구에 가로지른 나무 막대입니다.
따라서 칸 막다, 막다의 뜻으로 쓰였지요.
소릿값을 빌어 '한가하다'와 함께
틈時空間이란 뜻으로 쓰이곤 했습니다.

담긴 뜻으로는 한가하다, 등한하다, 품위가 있다
무엇에 관심이 없거나 소홀하다, 막다, 닫다, 아름답다
조용하다, 보위하다, 보호하고 방위하다, 틈, 틈새, 법
법도, 마구간馬廐間, 목책 따위가 있습니다.
관련 한자로는 한가할 한, 사이 간閒, 한가할 한閑
한가할 한閒, 한가할 어閼, 한가할 어閜,
마음 한가할 록/녹憵, 틈 극隙, 사이 간間,

바쁠 망忙는 자입니다.

색거한처索居閑處
- 동봉

한가한閑 곳處에서
삭거索居를 즐기려는 이여!

당신 마음 문틈門에
나무木를 심고
달月을 들이어
여유於를 즐기시구려

아! 그리고 마음 속에
야생鹿을 받아들이면
그대 더없이 한가憪하리다

그대 벗이여! 한가롭고閑 싶으신가요
마음 문짝갑門 사이에다가
나무木를 심으시구려
나무는 자라 문짝갑을 채웁니다
문짝갑 사이에서 자란 나무를 바라보며

한가롭지 않을 수 있겠습니까

그대 벗이여! 한가롭고閑 싶으신가요
마음 문틈 사리門로 달빛月光을 들이세요
아니, 그럴 것이 아니라
아예 달月을 통째 들이십시오
문틈 사리로 놀러 온 달과 달빛이
당신에게 한가로움을 선사할 것입니다

그대 벗이여!
한가롭고閑 싶으십니까
문틈 생간門을 열어
마음껏 여유於를 즐기시구려
스스로 여유를 받아들이지 않으면
이 세상 어느 누구도
이 세상 그 어떤 것도
당신을 한가롭게閑 하지 못합니다

그대 벗이여!
한가롭고憫 싶으십니까
마음⼁ 문틈배기를 살그머니 열어
야생鹿을 받아들이시구려

하여 그대 스스로

사슴이 되고

고라니가 되고

노루가 되고

산토끼가 되시구려

천적이 아니라면

평화롭게 풀을 뜯는

사슴과 고라니

노루와 산토끼가

그대 벗의 머릿속에서

한가로움으로 탈바꿈할 것입니다

그대 벗이여!

한가한閑 곳處에서

삭거索居를 즐기려는 이여!

당신의 문끄멍에

나무를 심고 달을 들이어

여유를 즐기시구려

당신의 마음 문트망에

야생을 통째 받아들이시구려

0732 곳 처 處

곳 처 處는 범호엄 虍 부수며, 뜻모음 會意 문자입니다.
곳 처 処의 본자로서 글자 생김새를 살펴보면
책상을 뜻하는 안석 궤 几와
머뭇거림의 뜻 뒤져올 치 夂와
발을 아래로 향하게 쓴 자형으로
내려가다 멈추다의 뜻을 지닌 그칠 지 止와
범의 문채, 가죽을 뜻하는 범호엄 虍이
한데 어우러져 만들어진 글자입니다.

걸상이 있는 곳까지 걸어가서
거기 머무른다는 뜻으로 된 글자입니다.
중앙 관서의 하나 부처 部處의 이름이고
사령부 참모 부서의 이름입니다.
일반 참모 부서에 쓰이기도 하지요.
어떤 조직에서 일정한 사무를 맡아보는
부서 명칭의 하나이기도 합니다.

담긴 뜻으로는 곳, 처소, 때, 시간, 지위, 신분, 부분
일정한 표준, 살다, 거주하다, 휴식하다, 정착하다
머무르다, 어떤 지위에 있다, 은거하다, 누리다, 향유하다
맡다, 담당하다, 다스리다, 대비하다
미혼으로 친정에 있다, 돌아가다, 사귀다, 보살피다
처리하다, 대처하다, 분별하다, 차지하다, 두다, 모이다
보지保持하다, 온전하게 잘 지켜 지탱해 나가다, 자처하다
결단하다, 멈추다, 병을 앓다, 나누다 따위입니다.
관련된 글자로는 곳 처処, 処, 夂
곳 처/사람 이름 거處 자가 있고, 바 소所 자가 있습니다.

우란분절은
스님네가 여름 안거를 마치는 날이고
자자自恣법회를 통해 한 단계 더 성숙함이며
나이法臘를 한 살 더하는 스님네 설날입니다.

천승반千僧飯, 千乘飯을 베풀어
법전法田에 공덕의 씨앗을 뿌리는 날입니다.
오늘만큼은 수행이 좀 부족하더라도
스님네를 찾거나 초대하여 마음껏 공양하십시오.
세상에 완벽한 수행자는 존재하지 않습니다.

'거居하다'에 현재진행형만 있듯이
수행자에게도 완료란 존재하지 않습니다.
사람의 일생에서 잠시도 멈춤이 없고
끊임없이 이어지는 생의 변화만이 있듯이
큰스님 작은 스님 찾지 마시고
그냥 스님네 찾아 보시하고 공양하십시오.

처서處暑를
우리말로 '곳더위'라 옮겼는데
나의《아미타경을 읽는 즐거움》에는
'끝더위'로 되어 있습니다.
으레 '곳더위'의 오타誤打입니다.
곳處에 따라 덥다暑는 뜻으로 옮겼습니다.

<184>
색索거居한閑처處
침沈묵默적寂요寥

0733 **잠길 침** 沈

0734 **잠잠할 묵** 默

0735 **고요할 적** 寂

0736 **고요할 요** 寥

고요한곳 조용하게 지내는삶은
침묵이요 적요외에 다른것없네

0733 잠길 침沈

잠길 침, 성 심沈으로도 새깁니다.
꼴소리形聲 문자로 부수 삼수변氵과 소릿값으로
아래로 깊이 '늘어뜨리다'의 뜻을 가진 글자
머뭇거릴 유尢 자로 이루어졌습니다
'물속에 가라앉다'의 뜻을 갖고 있지요.
잠기다, 가라앉다, 빠지다, 원기를 잃다, 오래다, 오래되다
침울하다, 막히다, 무겁다, 숨다, 진흙, 호수
늪 바닥이 우묵하게 뭉떵 빠지고
늘 물이 괴어 있는 곳입니다.

조선시대에 쓰여진 작자 미상이며
연대마저 자세하지 않은 고대소설의 하나로서
너무나 잘 알려진 《심청전》이 있습니다.
심청沈淸이라는 여주인공을 중심으로
매우 사실적으로 엮어가고 있지요.
마지막에는 앞 못 보는 아버지를 위하여
공양미供養米 300석에 몸이 제물로 바쳐지고

인당수印塘水 깊은 바다에 몸을 던진 인연으로
아버지는 결국 눈을 뜨게 됩니다.

어느 날 작명의 대가라는 분이
우리절로 나를 찾아왔습니다.
나이는 나보다 10여 년은 족히 아래인데
수인사도 나누기 전 이미 그는
효녀 심청의 이름을 주제로 올려놓았습니다.
"스님, 심청이의 이름을 아십니까?"
내가 얼른 받았습니다,
"방금 거사님께서 말씀하셨잖습니까?"
그가 정색을 하며 말했습니다.
"제가 심청이의 이름을 말했다고요?"
나는 가끔 두서너 살배기 아기들을 보면
아기들이 하도 귀여워 아기 이름을 묻습니다.
그러면 묻기는 아기에게 물었는데
열에 여덟 아홉十中八九은 엄마가 답합니다.
"네 진서예요."
그때 이미 알고 있는 이름을 들어
나는 아기에게 정식으로 다시 묻습니다.

"진서는 이름이 뭐지?"

딱 그 짝이었습니다.
"스님, 심청이의 이름을 아십니까?"
그러면서 자신이 이미 이름을 거론했음을
그는 모르고 있었던 것입니다.
내가 물었습니다
"심청이의 이름이 심청이 외에 또 있습니까?"
"심청이가 심청이의 이름이지요.
실은 잠길 침沈 맑을 청淸 침청입니다."
심청이 이름이 침청이었습니다.
"그럼 심청이의 원이름은 '침청'이고
심청은 본 이름이 아니군요?"
그가 웃으며 답했습니다.
"맞습니다, 큰스님!"
나는 그의 확신에 찬 대답을 들으면서
생각의 세계는 바람을 타고 멀리 날았습니다.
그가 이어 말했습니다.
"그녀의 성씨 잠길 침沈 자 침씨와
외자 이름이기는 하지만 맑을 청淸 자에는
한결같이 삼수변 氵이 들어있습니다.
이미 이름에 '익사할 운명'이 담겨 있지요.
세상에 아무리 여식이라도 그렇지
성씨에 이미 물에 빠질沈 운이 있는데

달랑 외자 이름에 물淸을 보태서 짓다니요!"
숨 한 번 돌리고 다시 이었습니다.
"물이 그게 보통 물입니까?
맑을 청淸 자에 푸른靑 물氵이 있잖습니까.
푸른 물은 얕은 개울물이 아닙니다.
푸른 물은 깊이가 있다는 것이지요.
깊으니까 으레 푸르게 보이는 것이고
그런 물이라면 바다가 아니고 어디겠습니까?"

그의 얘기는 홀로 이어져갔습니다.
나는 그냥 고개만 주억거릴 뿐이었습니다.
범피중류泛彼中流가 떠올랐습니다.
《심청가》 중 심청이가 인당수에 몸을 던졌을 때
가라앉지 않고 그대로 떠내려갈 때의
주위 경치를 읊은 대목이지요.
20여 년 전 일입니다.
창작 판소리 대본 〈부처님의 생애〉를 쓸 때
주로 조상현의 춘향가를 즐겨 듣고 참조했지만
심청가에서 가장 많이 들어보고 함께 따라한 대목이
바로 〈범피중류〉입니다.

평소 서양 중세의 오페라를 좋아하고

국악에서는 판소리를 좋아했지만
직접 할 줄 아는 음악이 전혀 없습니다.
그러나 함께 느껴보고 싶었기 때문이었습니다.

심청沈淸이는 침청沈淸이로 읽어야 한다고?
침청이기에 익사할 운명이었다고?
심청이든 침청이든 그녀가 익사했다고?
심청이가 침청이가 되고 익사까지 했다는
난생처음 들어보는 그의 얘기에
스톡홀름 증후군이 발동했을까.
왠지 그의 이론이 맞는 것처럼 느껴졌습니다.

0734 잠잠할 묵默

잠잠할 묵默 자는 꼴소리 문자입니다.
잠잠할 묵默 자의 본자로서 뜻을 나타내는 동시에
소릿값을 나타내는 검을 흑黑 자와
개 견犬이 합하여 이루어진 글자입니다.

개犬가 짖지 않는다 하여
검을 흑黑 자를 빌려와 쓴 것은
매우 재미있는 연결성이라 하겠습니다.
입 다물고 조용히 있는 개를 나타내며
'말하지 않다'의 뜻으로 점차 달리 쓰이게 된 것입니다.
그런데 개가 할 일은 짖는 것이지요

서당 훈장님이 말씀하셨습니다.
"잠잠할 묵默이 왜 검을 흙에 개 견인지 아느냐?"
"잘 모르겠습니다. 왜 그렇습니까?"
"개는 어스름에는 열심히 짖지만
정작 깜깜한 밤에는 짖지 않는단다."
난 당시 그 말씀이 잘 이해가 가지 않았습니다.
훈장님은 나를 이해시키려 애를 쓰셨지요.
"검을 흑黑 자는 칠흑같이 어두운 어둠이고
이처럼 극한 어둠 속에서는 어떤 개도 짖지 않는다.
짐짓 자기를 노출시키지 않으려는 거지."
내가 물었습니다.
"누구에게 노출을 꺼리는데요?"
"그야, 으레 고양잇과 동물 등 천적이겠지 암!"

그때, 그 어릴 때 나는 이렇게 여쭈었습니다.

"훈장님, 검을 흑黑 자는 없다는 것 아닌가요?"
"뭐라! 없다는 것?"
"네, 훈장님. 칠흑漆黑 같은 어둠이라면
아무것도 보이지 않고 아무것도 보이지 않는다면
이는 아무것도 전혀 없다는 게 아닐까요?"
훈장님께서는 당돌하고 어린 제자의 얘기에
귀를 기울이고 계심이 분명했습니다.

"보이지 않으면 없는 것이다?
잘은 모르겠으나 그건 불교 얘기 같구나!"
"네, 아무것도 보이지 않는 칠흑의 어둠에서
아무것도 없는데 잠잠할 수밖에 더 있겠습니까?"
"네 얘기가 더 설득력이 있구나!"
"송구합니다. 저의 괴각乖角을 용서하십시오."
훈장님은 내 머리를 쓰다듬으셨습니다.
그때 훈장님 말씀을 나는 기억합니다.
'청출어람이청어람靑出於藍而靑於藍'이라
"푸른색이 쪽에서 나왔으나
쪽보다 더 푸르다는 말씀이신데
내가 나의 스승님으로부터 받은 글이란다"

담긴 뜻으로는 잠잠하다, 입 다물다, 묵묵하다

말없이 잠잠하다, 고요하다, 조용하다 따위며
관련된 한자로는 묵묵할 묵默, 고요할 묵嘿, 잠길 침
성 심沈, 먹 묵, 교활할 미墨, 검을 흑黑 등이 있습니다.

0735 고요할 적寂

고요할 적寂 자는
부수가 갓머리宀이고 꼴소리 문자입니다.
집, 집안을 뜻하는 갓머리宀 부수와
소릿값인 동시에 사람의 목소리 없이
조용하다는 뜻을 나타내기 위한 글자
아재비 숙叔으로 이루어졌습니다.
집안宀이 고요하다叔는 뜻이며
전轉하여 적적하다의 뜻을 나타내고 있습니다.

담긴 뜻은 고요하다, 조용하다, 쓸쓸하다, 적막하다
죽다, 한가롭다, 열반涅槃 등입니다.
관련된 한자로는 고요할 막寞, 쓸쓸할 요寥, 쓸쓸할 소

맑은대쑥 소蕭, 고요할 요窈, 고요할 밀謐
고요할 정靜 자 등이 있습니다.

0736 고요할 요寥

부수 갓머리宀의 고요할 요寥 자는 꼴소리 문자입니다.
뜻을 나타내는 갓머리宀와
소릿값을 나타내는 글자 '높이 날 요翏'가
합하여 이루어진 글자입니다.
담긴 뜻으로는 쓸쓸하다, 적막하다, 휑하다, 텅 비다
공허하다, 넓다, 광활하다, 성기다, 물건의 사이가 뜨다
드물다, 잠잠하다, 둘러싸다, 교란시키다, 하늘
공중 따위입니다.

적요寂寥는 묶어서 보겠습니다.
고요할 적, 쓸쓸할 료로 새기고 있습니다만
고요하기에 쓸쓸하고 쓸쓸하기에 고요하지요.
고요(할) 적寂이나 쓸쓸할 요寥는

당당하게 갓머리宀를 머리에 이고 있습니다.
갓머리는 일차적으로는 집의 뜻이고
덮개의 뜻이고 지붕의 뜻입니다
따라서 집안에 아재비叔가 있다면
상대로는 조카姪가 있겠지요
아재비 혼자 집에 있고
조카는 친구들 만나러 밖에 나가 없다고요?
하지만 아재비 숙叔 자를 설정했다면
아들이나 손자가 아니라 조카가 있습니다.
비록 어느 시간은 각자 떨어져 있지만
또 어떤 때는 숙질叔姪간에 함께 있겠지요.

일반적으로 부모와 자녀간에는
보이지 않는 부담으로 인하여
대화가 단절된 상태에서 사는 경우도 있지만
숙질간은 어떤 정신적 채무가 없습니다.
고모와 조카, 조카와 이모는 당연하고
삼촌과 조카, 조카와 삼촌 사이도 편안합니다.
왜 오촌이나 칠촌은 아니고 삼촌이냐고요.
삼촌을 넘는 먼 촌수의 숙질간 등이
한집에서 사는 일은 아주 드문 일이니까요.
숙질간에 함께 있으면 대화가 오갑니다.

부모와 자녀는 채무 관계이기에
가끔은 서로 큰소리도 나지만
숙질간에는 그럴 동기가 거의 없습니다.
'고요하다'는 것은 대화가 없는 게 아닙니다.
고요함은 말을 하지 않는 게 아닙니다.
침묵도 묵언도 말을 안 하는 게 아닙니다.

불필요한 말을 줄임이 다름 아닌 침묵이고 묵언이며
상대의 생각을 건드림 없음이 고요입니다.
한 지붕宀 아래서 숙질간叔에 앉아
도란도란 이야기를 나눔이 적寂입니다.
행복의 언어, 사랑의 언어, 자비의 언어, 지혜의 언어
창조의 언어, 추억의 언어, 건설적 언어, 예술의 언어
학문의 언어 따위를 주고받음이 적寂입니다.

고요함寂에 대해 감히 얘기합니다.
결코 말 없음默言이 아닙니다.
마음속에 일어나는 화를 가라앉힌 언어입니다.
혹 '묵언정진默言精進'한답시고
소중한 가족들과의 대화마저 끊지는 마십시오.
세상에서 가장 쓸데없는 것이 말이지만
세상에서 가장 값진 것이 또한 언어입니다.

고요 적寂 자는 소리 없음이 아니라
쓸데없는 말의 없음일 뿐입니다.

한 지붕은 주택의 뜻도 있지만
식구를 뜻함이고 가족을 뜻함입니다.
그래서 한 가족宀이란 윗사람上이거나
또는 아랫사람小이거나
서로서로 손又을 맞잡고 이야기 나눔입니다.
이것이 고요할 적寂 자에 담긴 뜻이지요.

쓸쓸할 요寥의 발음은 '료'로 나기도 하지요.
아무튼 갓머리宀가 부수部首입니다.
갓머리는 지붕이라고 했지요.
지붕 아래에서는 높이 날翏 수 없습니다.
높이 날 료, 요翏 자는 날개羽가 있고
높이 날 료 자에는 턱수염彡이 있습니다.
하늘 높이 날 때는 날개羽가 있어야 하고
높이 날수록 바람을 많이 타기에
턱수염이 자연스레 흩날리지 않겠는지요.

지붕 아래에서는 날개가 있으나 날지 못하고
수염이 있으나 흩날리지 않습니다.

따라서 날개를 움직이지 않고
턱수염을 흩날릴 만한 바람 소리籟가 없으니
적적할 수밖에 더 있겠습니까.
그래서 쓸쓸할 요寥고 고요할 요寥입니다.

우주宇는 조용합니다.
우주는 진공眞空이기에 조용합니다.
지구의 자전 속도가
시속 110km로 달리는 승용차 속도의
15배 정도로 빠릅니다.
음속의 1.36배임에도 불구하고
어느 누가 자전의 소음을 들은 적이 있습니까.
지구가 태양 주위를 공전할 때
자그마치 시속 108,000km로 달려가고 있습니다.
그냥 달려가는 게 아니라
마치 야구공처럼 자전하며 달려가는
매그너스 효과를 지닙니다.
매그너스 효과 때문에
지구의 공전은 더욱 부드럽게 태양 주위를 돌지요.
시속 108,000km라면 음속의 88배입니다.

칼 세이건의 말을 빌리면 우주에서 볼 때

지구는 작은 푸른 점입니다.
그러나 우리가 보면 작은 게 아니지요.
이처럼 커다란 지구가
그토록 빠른 속도로 태양을 공전하는 데
소리가 왜 없겠습니까.
진공이기에 소리가 없습니다.
진공에는 공기라는 매질이 없으므로
소리를 전달할 시스템이 없고
으레 마찰력 저항력도 지니지 않습니다.

그런데 정말 그럴까요.
인간은 들을 수 있는 한계 내에서만 듣습니다.
눈으로 볼 수 있는 가시의 세계가 있듯이
귀도 들을 수 있는 가청의 범위가 있습니다.
가청의 주파수보다 낮거나 높으면
아무리 귀를 열어놓더라도 불가능하지요.

우주는 결코 고요의 세계가 아닙니다.
빅뱅으로 우주가 처음 열릴 때 있었던 굉음이
137억 년이 지난 오늘날에도
우주의 팽창과 함께 라디오파派로 전해집니다.
우리가 듣지 못하면 없는 게 맞을 것입니다.

칠흑 같은 어둠 속에서 보이지 않으면
없는 것이나 마찬가지이듯
소리도 가청권을 벗어나면 없는 것이겠지요.

<185>
구求고古심尋논論
산散려慮소逍요遙

0737 **구할 구** 求

0738 **옛 고** 古

0739 **찾을 심** 尋

0740 **논할 논** 論

고전이며 어른찾아 담론을하고
생각잊고 거닐면서 자적하여라

0737 구할 구 求

구할 구 求 자는 상형 문자입니다.
아래물수 氺가 부수이며
짐승의 가죽으로 만든 옷을 몸에 감다
정리하다, 모으다, 구하다의 뜻입니다.
모피를 달아맨 모양입니다.
본디 구할 구 求 자는 갖옷 구 裘 자에서 독립한 글자입니다.

갖옷은 털가죽으로 안감을 댄 옷이지요.
'갖바치'의 갖과 '갖옷'의 갖은
다 같은 짐승의 가죽이고 털가죽입니다.
옛날에나 입을 것이 없어서 갖옷을 입었지
요즘 누가 갖옷을 입느냐 하시겠지만
요즘도 겨울이면 여우 목도리와 밍크 코트가
높은 가격으로 팔린다는 것을 보면
아예 안 입는 것은 아닐 것입니다.

요즘처럼 소재가 다양하게 개발된 시대에는

바깥으로부터의 찬 바람은 막아주고
몸에서 나는 땀은 배출해 주는
방습성 섬유 고어텍스Gore-Tex라든가
400℃ 고온에서도 견디는
아라미드 섬유의 최첨단 방화복이 있고
폴리아미트계 섬유로 만든 구조복도 있습니다.
게다가 우주인들이 입는 우주복은
첨단에 첨단을 걸어나가 만든 옷입니다.

첨단尖端이란 뾰족할 첨尖 끝 단端으로
물체의 뾰족한 끝이니
'백척간두진일보百尺竿頭進一步'지요.
학문, 유행, 시대, 사조 등의 맨 앞장입니다.

지구에서 1기압에 길들여진 사람이
기압과 공기가 없는 우주에 노출되었을 때
우주복이 아니면 어찌 되겠습니까.
산소 공급 문제는 둘째치고라도
몸이 산산조각으로 우주에 흩뿌려질 것입니다.
밖으로부터 조여오는 기압은 제로인데
몸 안에서 1기압에 맞게 만들어진 압력이
밖으로 그대로 내밀기 때문입니다.

갖옷 얘기하다가 또 우주 얘기로 나갔습니다.

갖옷 구裘에서 구할 구求가 독립된 배경은
다름 아닌 추위 때문이었습니다.
동물의 가죽이라고 다 따스한 게 아닙니다.
문헌에 보면 부여의 귀족들은
잘로 만든 갖옷을 입었다고 합니다.
'잘'이란 검은담비의 털가죽을 일컫는데
족제빗과의 검은담비 털은 특히 보드랍지요.

그러니 예나 이제나 여유가 있고
신분이 높은 사람들은 같은 갖옷에서도
검은 담비의 가죽 잘옷을 구하려 했고
같은 족제빗과의 밍크코트를 선망했습니다.
여기서 '옷衣을 구求하다'
'어떤 옷衣을 구求하려 하는가?'
'이왕 구하는 거 갖옷裘에서도 잘옷을 구한다'
이처럼 잘을 구하고 밍크를 구하려는
인간의 욕구를 구할 구求자로 독립시켰습니다.

담긴 뜻으로는 구하다, 빌다, 청하다, 탐하다, 욕심부리다
취하다, 모으다, 모이다, 나무라다, 책망하다, 가리다

선택하다, 힘쓰다, 묻다, 부르다, 불러들이다, 갖옷
짐승의 털가죽으로 안을 댄 옷,
끝, 종말 등의 뜻이 들어있습니다.

0738 옛 고 古

입 구口 자 부수에 뜻모음 문자입니다.
'여러十 대에 걸쳐 입口으로 전해오다'의 뜻이
한데로 뭉쳐 '옛날'의 뜻으로 바뀝니다.
십十과 구口를 합한 모양으로
십대十代에 걸쳐 입에서 입으로 전해오다가
나중에는 '낡다'가 보태지고
나아가 '옛'이라 여기게 되었습니다.

담긴 뜻은 옛, 예, 예전, 옛날, 선조, 묵다, 오래되다
예스럽다, 순박하다, 잠시, 우선, 헌, 낡은 따위입니다.
관련된 한자로는 예 구/옛 구舊, 旧
예 석/옛 석/섞일 착昔, 䜏, 이제 금今, 연고 고故,

이를 숙夙, 새 신新 자 등이 있습니다.

옛 고古 자를 보면 늘 연고 고故 자가 떠오릅니다.
장례식장에 가면 빈소 입구라든가
곳곳에 빈소 번호와 함께 내역이 뜹니다.
고인故人의 본관과 이름이 올라있고
상주는 누구누구 누구, 자부는 누구누구 누구
딸 사위 손자 외손은 누구누구 누구…
거기 익숙하지만 쓸 수 없는 단어가 있습니다.

아프리카에 나가기 전이니까.
어언 열두 해가 다 되어가는 듯싶습니다.
전직 국회의원을 지낸 분이 세상을 떴는데
가족들로부터 독경 부탁이 왔습니다.
분당 서울대병원 장례식장으로 달려갔습니다.
아니나 다를까. 빈소 입구 모니터에 내역이 떴습니다.

독경을 끝내고 나오면서
물 한 잔 요청해 마시면서 천천히 물었습니다.
"아직 죽지 못한 분은 어디 계십니까?"
상주가 의아해하며 물어왔습니다.
"스님. 지금 뭐라고 하셨습니까?"

"네, 아직 죽지 않은 분이오."
"그러니까 스님, 그게 무슨 말씀이냐고요?"
금방이라도 주먹이 날아올 기세였습니다.
내가 차분하게 그러나 분명하게 말했습니다.
"자, 보십시오. 미망인이라고.
우리말로 옮기면 아직 죽지 못한 사람입니다."
그러나 그들은 미망인이라는 말을
죽은 이의 부인 정도로만 이해했습니다.

우리말로 풀었을 때 얼마나 민망합니까.
미망인=아직 따라 죽지 않은 사람
한문 발음으로 읽을 때와 맛이 전혀 다릅니다.
아내가 먼저 세상을 떴을 때는
그 자리에 남편, 또는 부군으로 쓰는데
남편이 먼저 세상을 떴을 때는
'아직 죽지 못한 사람 未亡人'으로 씁니다.

아프리카 등 제3세계라면 또 모를까.
지구촌에서 상위 그룹에 속하는 대한민국이
아직도 '미망인'이란 용어를 쓰고 있다니요.
게다가 지금이 조선시대입니까?
고려조나 삼국시대입니까?

국어학자들은 뭐 하는 사람들이고
국회의원들은 도대체 뭐 하는 이들입니까?
여성의 인권을 부르짖는 이들이
어떻게 장례 용어 하나 제대로 바꾸지 못합니까.
이 땅의 절반이 여성들인데
어째서 이런 용어에는 입을 닫고 있습니까.
아직 죽지 못한 사람이란 '미망인'에는
함께 따라 죽지 않은 사람의 뜻으로서
남편이 죽으면 같이 죽어야 한다는 것입니다.
오늘날 인류사에서 있을 수 있는 얘기입니까.

'부인'으로 기록해도 좋을 말을
도대체 '따라서 죽지 않은 사람'이 뭡니까?

0739 찾을 심尋

찾을 심尋은 마디 촌寸이 부수며
뜻모음會意 문자입니다.

왼손ナ과 오른손右, 법칙寸의 합자입니다.
좌우의 손을 마디대로 벌린다는 뜻이며
한 발의 길이 '한 발'을 일컫습니다.
양팔을 벌리면 쉬 잴 수 있는 길이기에
그냥 '보통'의 뜻으로 쓰고 있습니다.

담긴 뜻은 찾다, 캐묻다, 탐구하다, 연구하다, 쓰다
사용하다, 치다, 토벌하다, 잇다, 계승하다, 첨가하다
거듭하다, 생각하다, 높다, 길다, 깊다, 미치다, 이르다
영향이나 작용 따위가 대상에 가하여지다
어떤 정도나 범위에 미치다 따위입니다.

길이의 단위로서 길, 발이 있고
길이 재는 기구로서 자를 일컫습니다.
따라서 여덟 자를 1심이라 합니다.
보통, 평소, 갑자기. 이윽고를 비롯하여
얼마 되지 않음도 '심尋'이라 합니다.

옛사람들에게서 찾아 논하라.
옛 서적들을 참고하여 인생을 얘기하라.
나는 옛사람을 뜻하는 구고求古보다
법고창신法古創新이란 말을 좋아합니다.

법고창신이란 온고지신과 같은 말로
옛것을 거울삼아 새롭게 열어감입니다.
진리를 찾는 방법은 크게 다섯 갈래입니다.

첫째 과거에서 찾습니다.
둘째 현재에서 찾습니다.
셋째 미래에서 찾습니다.
넷째 이들 모든 시제에서 찾습니다.
다섯째 이들 시제를 덮는 데서 찾습니다.

찾을 심尋 자를 살펴보면
찾을 때 무엇을 이용하여 찾습니까.
찾는다고 할 때는 첫째가 손扌입니다.
곧 재방변扌이 들어간 글자가 이를 뜻합니다.
찾을 심尋 자 맨 위에 올려놓은 글자도
돼지머리계크 비슷한데 실은 손 수手입니다.
손만 있다고 저절로 찾아집니까.
입口으로 열심히 설명해야 합니다.
거기에는 첨단기기工도 함께 사용하지요.
그러나 법寸의 테두리 안에서만 가능합니다.
그것이 마디 촌寸 자가 밑에 붙은 이유입니다.
거리에 비례하여 동선이 가까울수록 좋지요.

그러기에 준마駿馬를 '찾기駿'에 이용합니다.
세부적인 것도 다 챙겨야 하기에
찾기에는 '조직緃'의 시스템이 필요합니다.

그러나 뭐니 뭐니 해도
찾기에 있어서 필요한 것은 빛日입니다.
세상에는 빛이 참 많기도 합니다.
등잔불, 호롱불, 촛불을 거쳐 전깃불입니다.
조염造塩원소로서 할로겐Halogen이 있고
엘이디Light-Emitting Diode가 있습니다.
관솔불이 있고 횃불이 있고 손전등이 있습니다.
그러나 이들 모든 빛의 근원은 태양입니다.
따라서 무엇인가를 찾기 위해서는
반드시 태양빛을 이용해야 하겠지요.

컴퓨터 인터넷 스마트폰에 실린
검색 프로그램도 전기가 없으면 깜깜입니다.
찾을 방昉, 룡에 날 일日이 들어있는 이유지요.
그러나 아무리 잘 찾아내더라도
확인할 수 있는 안목覓, 覔이 있어야 됩니다.
관련된 한자로는 찾을 심尋, 㝷, 尋
찾을 수搜, 㨷, 駿, 찾을 색緃, 찾을 멱覓, 覔,

찾을 탐探, 찾을 교撟, 찾을 로/노蟟,
찾을 방룡,昉,访,訪자 등이 있습니다

0740 논할 논論

조리 륜, 윤論으로도 새기며 소릿값입니다.
말씀언변言이고 꼴소리 문자입니다.
말씀언言이 뜻이고, 생각할 륜, 둥글 륜侖입니다.
륜侖 자에서 아래에 놓인 책冊은
나무나 대나무 조각을 엮은 옛날 책이고
삼합 집스 자를 얹은 것은 모으는 일입니다.

륜, 론論은 책을 모아 읽고
생각하여 정리하는 일을 가리킵니다.
또는 여러 사람과 의견을 나누며
정리하고 말한다는 뜻이 합하여
마침내 '논의하다'라는 움직씨를 끌어냈습니다.

곧 상대방과 조리있게 의논하는 일이지요.
여기에 담긴 뜻을 더 살펴보겠습니다.
위의 논할 논論 자에 대한 해석은 일반적이고
내가 본 '논論' 자의 풀이는 약간 다릅니다.
말씀언변言은 더 말할 게 없습니다.
문제는 오른쪽 소릿값 '생각할 륜侖' 자입니다.
생각할 륜侖 자를 삼합 집스과 함께
책 책冊 자로 볼 것이냐 아니냐입니다.
옛 전적典籍 곧 책冊을 한데 모아스
토론言하는 것으로 논論이 끝나면 간단하지요.

'생각할 륜侖 자를 세분하는 것입니다.
모음의 뜻인 삼합 집스 자는
사람 인人 자와 한 일一 자로 나누고
모을 자료의 주제인 책 책冊 자는
멀 경冂 자와 스물 입卄 자로 다시 나눕니다.
사람人이 하나一의 주제에 집중하여
멀고冂 또는 가까움을 벗어나
많은 사람들卄의 도움을 받아 찾은 자료를
한자리에 모여 갑론을박 멋지게 다투는 것입니다.

본디 말씀 언言 자와 매울 신辛 자는

같은 부모에게서 태어난 형제자매입니다.
말이란 달콤하기보다 쓰고 맵습니다.
언어의 기능은 생각의 교류지요.
상대방의 언어를 모르면 모르는 까닭에
자기 생각을 이해시키려 애쓰고
언어를 알면 알기 때문에 오해가 생깁니다.

담긴 뜻을 다시 한번 볼까요?
논하다, 논의하다, 서술하다, 말하다, 언급하다, 따지다
문제 삼다, 문제시하다, 토론하다, 중시하다
평가하여 결정하다 등과 의견, 견해, 학설의 뜻이 들어있고
문체의 이름과 조리條理의 뜻이 있습니다.
관련 한자로는 논할 논/론論, 论외에 의논할 의議
인륜 륜/윤倫, 바퀴 륜/윤輪 자 등이 있습니다.

내게 묻는 3가지 물음
첫째 나는 옛사람 따르기를 좋아하는가?
둘째 나는 미래 인류와 함께하고자 하는가?
셋째 나는 현재의 나 자신과 함께하는가?

<186>
구求고古심尋논論
산散려慮소逍요遙

0741 **흩을 산** 散

0742 **생각 려** 慮

0743 **거닐 소** 逍

0744 **노닐 요** 遙

고전이며 어른찾아 담론을하고
생각잊고 거닐면서 자적하여라

프랑스에는 틱낫한 스님의 자두 마을이 있고
행선학파行禪學派의 대명사로 불립니다.
그런데 그리스의 철학자며 사상가인
플라톤의 수제자 아리스토텔레스가 세운 소요학파가
최초의 행선학파며 명상瞑想센터입니다.
소요학파는 아리스토텔레스가
학도들과 산책하면서 강의하고 논의한
산책散策길에서 유래되었기에
우리는 이를 소요학파라고도 부릅니다.
그리스어로 '산책하면서'를 페리파테인Peripatein이라 하고
산책길을 페리파토스Peripatos라 하지요.

외국인인 아리스토텔레스가 살아 있는 동안
리케이온Lykeion 학교는
일반 공개의 김나시온 체육관을 차용했으나
제2대째 학두學頭, 學長이었던 테오프라스토스에 이르러
팔레론의 데메트리오스 1세의 도움으로
비로소 부지와 시설을 확보하고
성전을 갖춘 제대로 된 학원이 건립되었습니다.

소요학파 제2대 학장 테오프라스토스는
아리스토텔레스가 기원전 323년 칼키스로 떠난 뒤

학교의 모든 지휘권을 이어받아
또 한 사람의 뛰어난 수제자인
로도스의 에우데모스와
공동으로 직무와 연구에 임했습니다.
먼저 스승의 강의와 편집과 간행에 종사하면서
스승의 학설을 발전시키는 데에 노력했지요.
제자들은 스승의 학문적 방법 중 하나인
학설사적學說史的 연구를 진전시켜
각기 전문적 분야를 하나하나 맡아
스승의 전기傳記나 사상을 정리하였습니다.

테오프라스토스는 자연학에 대하여
특히 감각론의 역사를 썼으며
에우데모스는 기하학, 산수, 천문학 등 역사를
타라즈의 아리스토크세노스는 음악의 역사를
디카이아르코스는 그리스인의 생활사를 썼습니다.
특히 마지막 두 사람
아리스토크네소스의 음악사와
디카이아르코스의 그리스인 생활사에는
피타고라스 학파의 학설이 들어 있습니다.
이 학파의 학설이 무엇이었을까요?
네, 그렇습니다. 바로 영혼의 조화설입니다.

제3대 학두인 람프사코스의 스트라톤은
모든 물체는 반드시 무게를 가지며
그 하강下降운동 곧 중력에 따른 것만이
오직 하나밖에 없는 자연운동이라 하였습니다.
스트라톤은 스승의 목적론적 자연관을 떠나
에피쿠로스 학파에 접근하였습니다.

그러나 이는 원자론原子論과 전혀 달라
세계 내부에 무한과 공허空虛를 허락했습니다.
스승의 질적 역동설質的力動說에 따라
시간과 운동의 연속을 인정하였지요.
그는 혼을 육체 전체로 퍼지는
프네우마Pneuma 곧 숨, 호흡이라 하여
지적 활동도 그 운동의 하나라 보았고
사상은 감각적 인상이 약한 반향이라 했습니다.
아리스토텔레스가 늘 주창한 경험주의는
순수한 감각주의가 되었는데 중요한 얘기지요.
이에 대해 키프로스의 크레아르코스는
플라톤이나 아리스토텔레스가 젊었을 때
그들이 주장한 것과 같이
영혼의 유리遊離를 인정하고 있었습니다.
영혼이 무엇으로부터의 유리일까요.

육체로부터의 유리입니다.

이러한 두 가지 경향이 있다는 것은
도그머티즘Dogmatism이지요.
다시 말해서 독단론獨斷論에 빠지지 않는
이 파派만이 지닌 특색의 하나이며
당시 다른 많은 학파들의 학설처럼
영속Permanency하지 않는 이유이기도 합니다.

제4대 학두인 리콘과 후계자들은
실천철학實踐哲學의 관심이 주가 되었습니다.
제6대 학두였던 크리톨라오스는
최고선最高善을 테오프라스토스가 말한
영혼Soul과 육체Body와 운동Motion 등
세 개의 선善을 총체라고 했습니다.
여기서 다듬어진 것이 소위 진선미眞善美입니다.

제7대 학두인 티로스의 디오도로스는
덕德Virtue에 극락무고極樂無苦를 더했습니다.
그리하여 스토아 학파와 유사해지게 되었지요.
또한 로도스의 히에로니무스라는 학자는
쾌락의 결여로서의 아포노이아

곧 완전한 극락極樂 고통없음無苦의 세계를
최고선이라 주장하기도 하였습니다.
그리하여 에피쿠로스 학파와
어찌 보면 지극히 흡사하면서도
부동의 쾌락를 아파티아無苦라고 한
에피쿠로스와도 다를 수밖에 없습니다.
사실 고대 철학을 다시 살펴보면
쓰이는 용어만 달리할 따름
내용은 거기에서 거기일 뿐입니다.

그런데 테오프라스토스가 유언으로
스켑시스의 넬레우스에 맡겨 지하실에 비장된 그 문고는
그 후 애서가愛書家 아펠리콘이
최고의 도시 아테네로 가져 오게 되었습니다.

그 후 다시 술라가 기원전 86년 로마로 반입하여
곳곳의 사설 문고에 수장하게 되었습니다.
이런 경로로 아리스토텔레스와 테오프라스토스의 원고는
문법가 티라니온의 복사를 기초로 하여
제10대 학두 안드로니코스에 의하여
이태리 로마에서 간행되었습니다.
그는 그때까지 유포되고 있던

대화편 등 저작에 이들 학문적 저작을 대립시켰습니다.
먼저 오르가논Organon을 만들어
철학적인 예비 학문으로 삼음과 동시에
다른 저작도 체계적 견지에서 배열하였습니다.
학문적으로 발달한 오늘날에 와서도
근본적인 개혁이 어려운 점은
바로 아리스토텔레스의 전체 저술입니다.

이들 전체 저작집을 기초로 하여
그 후 아리스토텔레스 철학의 주석과 연구는
하나하나 꾸준히 진행되었습니다.
페리파토스파의 최후이며 최대 주석가는
3세기 후반 아프로디시아스의 알렉산드로스입니다.
그는 《형이상학》을 비롯하여
소위 《분석론 전서前書》《감각에 대하여》
그리고 《기상학氣象學》 등
수많은 주석서註釋書를 집필하였습니다.

그는 아테네에서 제자를 양성하였는데
그의 누스론論은 에스파냐의
아베로에스 해석의 원본이 되었습니다.
그렇다면 누스론은 어떤 논제일까요?

우리 인간의 지성은 결여되어
얼핏 가능성에 불과하지만 지적 대상을 알 때
신 스스로가 우리들 속에서 사유하고 있다는 것입니다.
따라서 신의 세계를 벗어나지 못한 철학자지요.

그러나 우리가 뭐니 뭐니 해도
소요학파의 거장 '아리스토텔레스'라고 하면
첫째 예술 철학 미학美學이며
둘째 물리학이며
셋째 윤리학이며
넷째 정치학이며
다섯째 생물학이며
여섯째 수학이며
일곱째 기하학이며
여덟째 시학詩學 등입니다.
그가 물리학에서 주장한 자연계의 사대요소설은
부처님의 지수화풍 사대요소설을 이끌어왔지만
생물학에서의 생명의 분류법은
린네의 분류만은 못하다 하더라도
불교 경전《금강경》에서의 구류중생에 비해
전혀 손색이 없다 할 수 있을 것입니다.

0741 흩을 산 散

散

흩을 산散은 등글월문攵 부수며, 뜻모음會意 문자입니다.
흩어질 산枚 자에
육달월月을 더하여 토막고기를 뜻하며
나중에 산산히 흩어지다
분산시키다의 뜻으로 바뀌게 됩니다.
이 흩어질 산散 자와 관련된 한자로는
산흩어질 산枚 외에
흩을 산散, 흩어질 만漫, 풀 해解 자가 있습니다.
이 흩을 산散 자에 담긴 뜻으로는 흩다
한데 모였던 것을 따로따로 떨어지게 하다, 흩뜨리다
한가롭다, 볼 일이 없다, 흩어지다, 헤어지다, 내치다
풀어 놓다, 달아나다, 도망가다, 절룩거리다, 비틀거리다
나누어 주다, 부여하다, 나누어지다, 분파하다
뒤범벅되다, 뒤섞여 혼잡하다, 쓸모 없다, 천하다, 속되다
어둡다, 밝지 아니하다, 엉성하다, 소략하다, 겨를, 여가
산문, 가루약, 거문고 가락, 문체文體의 이름
술잔盞의 이름 등이 있습니다.

0742 생각 려 慮

생각할 려, 사실할 록慮으로
마음 심心 부수에 꼴소리形聲 문자입니다.
뜻을 나타내는 심방부忄와 소릿값인 동시에
빙빙 돈다는 뜻을 지닌 성씨 노, 목로 로盧의 생략형이
서로 합하여 이루어진 글자인데
이는 마음으로 두루 생각한다는 뜻입니다.

이 생각 려慮 자와 관련된 한자로는
다른 꼴 같은 뜻글자로
근심하는 모양 필/생각할 려/사실할 록/녹慮 자가 있고,
관련된 한자로는 생각할 륜/둥글 륜/윤侖
생각할 억憶, 생각 념/염念, 생각 사/수염이 많을 새思
생각할 임/너 님/임恁, 생각 상想,
생각할 고/살필 고考 자 등이 있습니다.

이 생각 려慮 자에 담긴 뜻으로는 생각하다
이리저리 헤아려 보다, 근심하다

속을 태우거나 우울해하다, 걱정하다, 어지럽게 하다
맺다, 연결하다, 꾀하다, 흩뜨리다, 흩어지게 하다, 생각
계획計劃,計畫, 걱정, 근심, 염려, 의심, 의혹, 대강, 대개
대부분, 대략, 꾀, 척후가 들고 다니는 깃발, 사실하다
사물을 있는 그대로 그리다, 조사하다 따위가 있습니다.

0743 거닐 소逍

거닐 소逍 자는 총 11획이며
책받침辶 부수에 꼴소리 문자입니다.
쉬엄쉬엄 가다의 뜻을 나타내는 책받침과
소릿값 꺼질 소肖가 합하여 이루어졌습니다.

꺼질 소肖는 꺼질 소 자 외에
닮을 초肖, 같을 초肖로 새기기도 합니다.
관련 한자로는 노닐 요遙 자가 있습니다.
거닐 소逍 자에 담긴 뜻은 노닐다, 거닐다, 배회하다
편안하고 한가롭다 등이 있습니다.

0744 노닐 요遙

멀 요遙라고도 새기며
책받침辶 부수에 꼴소리 문자입니다.
이렇게 쓰는 멀 요遙의 본자입니다.
쉬엄쉬엄 가다의 뜻인 책받침辶과
소릿값인 동시에 목표 없이 걷다의 뜻을 지닌
질그릇 요䍃 자로 이루어졌습니다.

목표 없이 이리저리 걷다의 뜻이
나중에 아득히 먼 모양의 뜻으로 바뀌었습니다.
노닐 요遙 자와 관련된 한자로는
멀 요遙, 遙, 노닐 소逍, 멀 하遐, 멀 원遠, 흔들 요搖
노래 요謠 자가 있습니다.
담긴 뜻은 멀다, 아득하다, 거닐다, 떠돌다, 소요하다
흔들거리다, 멀리, 흔들거리는 모양 따위가 있습니다.

<187>
흔欣주奏누累견遣
척感사謝환歡초招

0745 **기쁠 흔** 欣

0746 **아뢸 주** 奏

0747 **여러 누** 累

0748 **보낼 견** 遣

기쁜소식 알려주자 번뇌떠나고
슬픈소식 떠나가자 기쁨이오네

0745 기쁠 흔 欣

欣

기쁠 흔欣은 하품 흠欠 부수에 꼴소리 문자입니다.
하품하는 모습을 나타내는 하품 흠欠 자와
소릿값인 동시에 웃음소리를 나타내는
도끼 근, 근 근斤으로 이루어졌습니다.
입을 크게 열고 웃으며 즐거워함입니다.
요즘 자음의 언어 ㅎㅎ, ㅋㅋ 등에 해당합니다.
담긴 뜻으로는 기쁘다, 기뻐하다, 즐거워하다,
받들다, 흠모하다, 기쁨, 즐거움 따위입니다.
기쁨이란 사랑과 마찬가지로
대개 모든 한자에 마음心, 忄, 㣺이 들어있지요.

기쁠 흔欣 자처럼 입을 크게 벌린 모습
조금은 모자라는 모습欠을 보일 때
사람들은 그를 보며 웃을 수 있습니다.
코미디나 개그를 보며 웃음이 나오는 것은
완벽하지 않음에서 느끼는 우월의 기쁨입니다.

하품하는 사람을 보며 우리는 때로 웃습니다.
왜냐하면 하품은 타율他律이 아닌 까닭입니다.
졸리거나 고단하거나 또는 배가 부르거나 할 때
저절로 입이 벌어지면서 나오는 깊은 호흡이 하품인데
이 또한 자율自律입니다.

이는 마치 음식물이 배 속에서 소화되는 과정에 생겨
똥구멍肛門으로 나오는 구린내는 나지만
빛깔 없는 기체 방귀와 같고
먹은 음식이 위에서 잘 소화되지 않아 생긴 가스가
입으로 복받쳐 나오는 트림처럼
타율이 아니라 자율이기 때문입니다.

방귀를 뀌면 우리는 웃습니다.
나는 우리나라 사람만 웃는 줄 알았는데
까만 피부의 아프리카인들도 방귀를 뀌면
뀐 사람은 미안해하거나 수줍어하고
옆 사람은 코를 쥐면서도 함께 웃습니다.
기쁠 흔欣 기쁠 흔俽 기쁠 환歡 자에
하품할 흠欠 자가 붙은 의미가 이해됩니다.

하품하거나 웃거나 마실 때 모습은

반드시 입술이 벌어진다는 것입니다.

목마를 때 시원한 물을 마시고
사랑하는 사람과 차와 커피를 마시고
좋은 벗을 만나 담소와 함께 술 한잔 기울일 때
우리는 이를 '마신다飮'고 얘기합니다.
먹기食는 먹되 입을 벌리欠고 마십니다.

웃음은 오직 인간만이 가능합니다.
어떤 이들은 개와 소도 웃는다고 합니다.
이는 그들의 기쁨을 그리 받아들일 뿐입니다.
개는 꼬리를 흔들고 앞발을 들어 안기며
고양이는 다가와 몸을 비비고 하지만
입을 열고 표정으로 표현하며
소리를 내어 웃는 존재는 사람뿐입니다.

기쁠 흔欣, 기쁠 환歡, 즐길 낙, 락, 노래 악, 좋아할 요樂
기쁠 희僖, 기쁠 희喜, 즐길 오娛, 달 감甘, 즐길 탐耽
기쁠 흔忻, 기쁠 이怡, 기쁠 열悅, 즐거울 유, 구차할 투愉
기쁠 희憘 자 등이 있습니다.

0746 아뢸 주 奏

뜻모음會意 문자입니다.
중국 뚜안위차이段玉裁(1735~1815)의 명저
《쑤어원쮜에즈쭈說文解字注》에는
이 아뢸 주奏 자를 풀이하면서 이렇게 얘기합니다.

"아뢸 주奏는 큰 대大 자가 부수部首며
초목 싹으로 왼손을 나타내는 왼손좌屮에
맞잡은 양손을 뜻하는 맞잡을 공廾 자
나아가 아뢴다는 큰 대大, 열 십十 자
따라서 '양손으로 받들어 신에게 받치다'
'귀한 물건을 상대에게 주다'였는데
나중에는 '아뢰다'로 바뀌었다"고 합니다.

나는 뚜안위차이의 풀이 중에서
이처럼 아리까리한 글은 처음 대합니다.
이는 마치 앞에서
소요학파 아리스토텔레스에 대한 철학을

제대로 소화하지 못한 채 올린 것처럼
뚜안위차이의 억지 해석이 담겨있습니다.
아무리 뜯어보아도 위 풀이는
100점 만점에 마이너스 100점입니다.

뚜안위차이는 다산 정약용 선생의 평가처럼
자구字句에 얽매인 경향이 없지 않지만
학문의 세계는 문文의 학學도 있고
자字의 학學도 있게 마련입니다.

우리가 자주 쓰는 속담에
'구슬이 서 말이라도 꿰어야 보배'가 있습니다.
이는 아무리 좋은 말, 좋은 글이라도
실천에 옮길 때 더 빛이 난다는 것입니다.
좋은 단어들도 문법에 맞지 않으면
좋은 단어들이 빛을 발하지 못하겠지요.
꿰어야 하는 운동의 법칙도 중요하겠지만
꿰어질 구슬이라는 존재의 법칙도 소중합니다.

뚜안위차이《설문해자주說文解字注》의 역할은
구슬 하나하나마다, 보석 하나하나마다
글자 하나하나마다의 가치를 평가한 것입니다.

결코 다산의 말씀처럼 몰가치한 게 아닙니다.

그런데 아뢸 주奏 자의 풀이는 모자랍니다.
모자라도 한참 모자라는 해석입니다.
그럼 이를 어떻게 풀면 좋겠습니까.
요즘의 언어로 풀어보겠습니다.
풀과 나무草木의 새싹屮은 매우 소중합니다.
두 손을 모아 새싹을 보호하려는 모습에서
우리는 지구의 미래를 꿈꿀 수 있습니다.
그 크기大로는 공간ㅡ을 뛰어넘고
그 영원성으로는 시간ㅣ을 초월합니다.

이처럼 시공時空 못지않게 큰 것大은
사람의 마음이 담긴 손길이며
이 손길이야말로 풀과 나무의 새싹을 넘어
우리 인간 생명의 어리디 어린 새싹
꿈나무 어린이들을 바르게 가꿀 것입니다.
여기에는 언어의 진실奏이 있고
생명이 지닌 소리의 예술奏이 있습니다.
봄 춘春 자에서 날 일日 자를 생략한 형 하늘ㅡ과
땅ㅡ과 존재ㅣ 이들 셋三을 하나로 묶는 이는
다름아닌 사람人입니다.

아뢰는 데奏에는 보고하는 자와
그 보고를 받는 자 곧 두 사람二人이 있고
연주하는 데奏도 연주하는 자와
그 연주를 감상하는 두 부류의 사람이 있습니다.

이 두 가지 조건이 다 갖추어질 때
비로소 지음자知音者를 만났다 하고
이 기쁨의 경지를 하늘에 닿았다고 합니다.
아뢸 주奏의 하늘 천天 자는 곧 두 사람이고
이들 두 그룹은 새싹을 받드는 두 손입니다.
미래를 이끌어갈 어른과 아이들입니다.

시니어耂와 주니어子가 손을 잡으면
효도 효孝 자를 만들어냅니다.
효도孝道는 아랫사람이 윗사람에 올리는
존경과 공경이라는 일방통행이 아니라
윗사람이 아랫사람을 이끌어주고 사랑하는
내리사랑까지 모두 포함된 양방통행입니다.
그러기 때문에 효孝는 영원한 모럴德입니다.
아뢸 주奏 자에 담긴 뜻은 이러합니다.
담긴 뜻으로는 아뢰다, 여쭈다, 바치다, 드리다, 이루다
공을 세우다, 모이다, 달리다, 향하여 가다, 연주하다

취주하다, 상소문, 곡조 따위입니다.
아뢸 주奏, 성씨 진, 나라이름 진秦이 있는데
아래 들어가는 자를 보고 판단합니다.

아래에 하늘 천天이 들어가면 아뢸 주奏인데
하늘 천天 대신 일찍 죽을 요夭를 쓰기도 합니다.
벼 화禾가 들어가면 나라이름 진이고
날 일日이 들어가면 봄 춘春이며
절구 구臼가 들어가면 찧을 용舂이고
옛 구旧가 들어가면 방아 용舂이 됩니다.

0747 여러 누累

여러 루, 자주 루 외에 벌거벗을 라
땅 이름 렵累으로도 새기며
꼴소리形聲 문자입니다.
맬 류, 여러 루, 자주 루纍의 간체자인데
'루'는 앞에 올 때 누로 읽듯 '류'도 유로 읽습니다.

실타래의 뜻을 나타내는 실 사糸와
소릿값인 동시에 포갠다는 뜻을 가진
밭 갈피 뇌/뢰畾 자의 생략형省略形으로
실을 차례로 겹쳐 포개 나간다는 뜻입니다.

여러, 자주, 묶다, 거듭하다, 포개다, 폐를 끼치다,
더럽히다, 연하다, 잇닿아 있다
폐, 누, 연좌, 연루, 벌거벗다 따위며
관련된 한자로는 맬 류/여러 루/자주 루累, 여러 루屢
여러 서/제거할 자庶 등이 있습니다.

밭田과 논畓의 뿌리는 밭田입니다.
곧 밭田에 물水이 있으면 논畓이라 하고
물水이 없으면 그냥 밭田이라 부르니까요.
예전에는 논이 밭보다 더 비쌌으나
요즘은 밭이 논보다 더 값이 나간다고 합니다.
이유를 물었더니
물 없는 밭은 택지로 전환시키기가 쉽기 때문이라는군요.

옛날 쌀이 주식일 때는 쌀값이 비쌌지만
지금은 쌀보다 잡곡이 더 비싸다고들 합니다.
농작물의 수확도 논보다는 밭에서

더 높은 경작의 이익을 얻기 때문입니다.
올해는 벼농사가 풍작을 이룬 까닭에
쌀값 폭락을 우려한 농민들이
벌써부터 상경 데모를 준비한다고 합니다.

예전에는 무조건 풍년을 최고로 알았으나
지금은 풍년이 달갑지만은 않습니다.
풍년이 들면 물가의 폭락으로 걱정
흉년이면 수확이 적으니 걱정
이래저래 농촌의 살림살이가 팍팍합니다.
그러나 이는 내 개인의 생각이지만
정부 입장에서도 이래저래 난감할 듯싶습니다.

밭田의 사래糸가 줄지어 선 것이 밭 이랑畾
이들 줄지어 선 사래들을 바라보노라면
더없이 평화로운 게 들녘입니다.
그러나 생존이 걸려있는 농민들에게는
그 자체가 걱정거리고 번뇌입니다.
그래서 불교는 누累를 '번뇌 루累'로 새깁니다.

0748 보낼 견 遣

보낼 견 遣 자는 책받침 辶 부수며 꼴소리 문자입니다.
쉬엄쉬엄 가다의 뜻 책받침 辶과
소릿값이면서 파견의 뜻을 지닌 글자 신하 신 臣의
어슷비슷형으로 이루어졌습니다.
보낸다는 것은 곧 사신의 뜻이고
서구에서는 선교사가 그 역할을 맡았습니다.

미셔너리Missionary, 미션Mission을
선교사, 선교사단으로 풀이하는 데
바로 이 파견의 의미 때문입니다.
미셔너리는 그냥 가지 않습니다.
반드시 주어진 소임이 있게 마련이지요.
크고 작은 나랏일 소임을 비롯하여
전도, 교육의 소임에 이르기까지 다양합니다.
보낼 견 遣 자에서 '가운데 중 中' 자를 빼면
따를 추, 수 追, 갈 퇴 追로도 새기는데
이는 대표적으로 알려진 쫓을 추 追 자입니다.

또한 '책받침辶'과 '가운데 중'을 빼면
이는 분명 '벼슬 관官' 자입니다.
대사, 영사를 비롯하여 나라를 대신하면
누구나 외교관이고 선교사고 공무원입니다.
나라의 국격이 그의 어깨에 실려있으니까요.
외교관은 나라의 국격이기에 중中입니다.
보낼 견遣 자에 담긴 뜻은 보내다, 떠나 보내다, 파견하다
감정 따위를 풀다, 놓아주다, 떨쳐버리다
벼슬에서 내쫓다, 시집을 보내다, 아내를 버리다
'하여금'의 뜻이며
관련된 한자들은 보낼 송送, 보낼 수輸
보낼 전餞 보낼 궤饋 자 등이 있습니다.

<188>
흔欣 주奏 누累 견遣
척慼 사謝 환歡 초招

0749 슬플 척 慼

0750 떠날 사 謝

0751 기쁠 환 歡

0752 부를 초 招

기쁜소식 알려주자 번뇌떠나고
슬픈소식 떠나가자 기쁨이오네

0749 슬플 척 慼

慼

마음 심心 부수에 꼴소리 문자입니다.
이 슬플 척慼 외에 근심할 척, 우울할 척, 서러울 척
속상할 척, 겨레 척으로 새기기도 합니다.
예처럼 마음심心 자를 아래 놓기도 하고
때로 심방부忄로 왼쪽에 붙이기憾도 합니다.
뜻은 마음심, 심방부忄에 있고
겨레 척戚은 소릿값이지요.

다 알고 있는 말이지만 겨레가 무엇입니까?
크게는 같은 핏줄을 이어받은 민족이고
좁게는 겨레붙이 살붙이 혈연관계며
인척이고 일가며 형제자매지요.
부모와 자녀 관계가 그중 으뜸입니다.

겨레 척戚 자를 살펴보면
윗사람上과 아랫사람小이 한데 어울려
때로는 무기戈로 겨레를 지켜내었고

때로는 지오그라피

곧 국토 / Geography를 지켜냈습니다.

국토와 겨레붙이는 하나였기 때문입니다.

나라 없는 겨레가 어떤 아픔인지

겨레 없는 나라는 또 무엇에 쓰겠습니까.

여기서 나라니 겨레니 피붙이니 하면

아픔이 있고 슬픔이 있고 걱정이 있고 근심이 있었습니다.

환희와 기쁨보다 우울과 서러움이 앞섰습니다.

그래서 마음心을 붙여 슬플 척感으로 썼지요.

이 한자가 중국에서 만들어졌다면

적어도 나라와 나라의 전쟁과 폐허 속에서

얼마나 많은 이들이 피붙이를 위해

근심하고 슬퍼하고 울었을까 싶습니다.

담긴 뜻은 근심하다, 속을 태우거나 우울해하다

서러워하다, 슬퍼하다, 근심 따위입니다.

0750 떠날 사 謝

謝

헤어질 사, 떠날 사, 사례할 사 謝는
말씀 언言 부수의 꼴소리 문자입니다.
뜻을 나타내는 말씀 언言 부수에
소릿값 쏠 사射 자가 만나 이루어졌습니다.
쏠 사射 자는 몸 신身과 마디 촌寸의 합자인데
화살寸이 몸身으로부터 떨어짐입니다.

어떤 몸으로부터일까요.
활 몸의 부분, 곧 '시위弦'로부터입니다.
화살이 활로부터 떨어지는 쏠 사射 자는
놓을 석釋 자와 같은 뜻으로
해결되다, 끝나다 따위를 나타냅니다.

사람의 말은 시위를 떠나
화살과 같아 한 번 떠나면 되돌리기 어렵습니다.
물론 이는 화살이 날아가는 역방향입니다.
인사말을 하고 떠나가다와 함께

거절하다, 사과하다의 뜻도 포함됩니다.

담긴 뜻은 사례하다, 갚다, 보답하다, 양보하다, 사양하다
물러나다, 그만두다, 면하다, 물리치다, 없애다, 쇠퇴하다
시들다, 이울다, 갈아들다
다른 사람이나 물건이 새로 들다, 헤어지다, 안부를 묻다
일러주다, 잘못을 빌다, 사죄하다, 사과하다
부끄러워하다, 모자라다, 정자亭子, 성씨의 하나 등입니다.

중국인들이 즐겨 쓰는 단어가 '씨에谢'지요
언제 어디서나 누구에게나 '씨에'입니다.
고맙다는 말인데 그림씨로 쓸 경우
'씨에씨에谢谢'처럼 겹쳐 쓰기를 좋아합니다.
어떤 때는 '많다'는 그림씨 뒤에 써서
'뚜오씨에多谢'라고도 하더군요.

당신身으로부터 나온寸 당신 말씀言에
당신으로부터 나온 말言과 마음寸에
한없이 고맙다는 뜻일까요?

옛글 《취리Quli曲禮》에 따르면
만일 벼슬아치의 나이가 70세에 이르면

벼슬을 사직하고 돌아간다 하고 있습니다.
만일 나랏일로 부득이한 경우거나
필요한데 건강이 문제가 있으면
의자와 지팡이几杖를 내렸다고 합니다.
문제는 결국 정년퇴임이지요.
그때 주고받는 인사말이 씨에씨에입니다.

나라에서는 고생했다고 씨에씨에
퇴임하는 이는 부족한 사람 밀어주고
그동안 믿어주어 고맙다고 '씨에씨에'입니다.
보내는 자와 떠나는 자의 마음과 자세가 이 정도이어야
국민들로부터도 씨에씨에인데
거꾸로 읽으나 바로 읽으나
똑같은 우수석은 왜 그런지 도저히 모르겠습니다.

관련 한자로 말씀 사辭, 辞, 辞, 辤 자가 있습니다.
여기 파자에서 매울 신辛 자는
모두 말씀 언言 자와 같은 글자입니다.
말의 속성은 매우 모질고 맵고 쓴 까닭에 매울 신
고생할 신辛으로 같이 쓰고 있습니다.

마지막 줄 '말씀 사辤'를 자세히 보십시오.

위의 별 태台와 혀 설舌은 모두 혀의 뜻이지만
아래에서는 받을 수受를 붙이고 있습니다.
이는 '받을 수受 없다辛'는 뜻입니다.
'당신이 주는 뇌물은 받지 않겠다.'
'당신의 감언이설에 휘말리지 않겠다.'
이는 한마디로 '사양하겠다'는 뜻입니다.
이 말씀 사辭 자는 사양할 사謝와 같이 씁니다.

0751 기쁠 환歡

기쁠 환歡 자는 하품흠欠 부수에 꼴소리 문자입니다.
하품하는 모양의 하품 흠欠과
소릿값인 황새 관雚으로 이루어졌습니다.
하품 흠欠 자는 입을 크게 벌린 모양이지요.

기쁠 환歡 자는 음식食을 앞에 두고 앉아
즐거운 마음으로 입을 벌리고欠 있음입니다.
세상에 끼니를 걸러 배가 고플 때

음식을 먹는 일보다 즐거울 게 있을 것이며
타는 목마름이 이어지고 있을 때
물 마시는 일보다 더 좋은 게 있겠습니까.
벗과 마주 앉아 술 한잔 나누며
사랑하는 가족과 함께 여는 파티거나
차 한잔 나눌 수 있는 즐거움이 있겠습니까.

기쁠 환歡 자에 담긴 뜻으로는
기쁘다, 기뻐하다, 사랑하다, 좋아하다
기쁨, 즐거움 따위가 있고
관련된 한자로는 기쁠 환歡,欢,懽 자가 있으며
반대 개념의 슬플 애哀, 슬퍼할 도悼, 성낼 노怒
슬플 비悲, 쓸 고/땅 이름 호吿 자가 있습니다.

0752 부를 초招

招

부를 초招 자는 지적할 교
풍류 이름 소招 자로도 새깁니다.
재방변扌에 총8 획이며 끝소리 문자입니다.
뜻을 지닌 재방변扌과
소릿값 부를 소召가 합하여 이루어졌습니다.
부를 소召 자는 처음 '신령을 부르다'에서
나중에 사람을 부르는 일로 바뀌었습니다.
부를 초招 자는 손짓으로 사람을 부름입니다.

본디 부를 소召 자와 부를 초招 자는
처음에는 같은 글자였고 같이 쓰였으나
나중에는 바로 위와 같은 이유로 나누어 쓰게 되었습니다.
신령을 부르는 데는 손짓을 할 수 없습니다.
무당이 입口으로는 열심히 주문을 외고
손에는 작두, 칼, 방울들巫具을 이용하여
춤추고 의식을 행하는 것으로 충분했습니다.

감히 손짓할 수 없지요.
그러나 사람을 부를 때는 어떻습니까?
우리는 손등을 위로 가게 하고
손바닥을 아래로 가게 하여
아래로 네 손가락을 구부리면서 부릅니다.
손을 쓰되 어떻게 쓰느냐도 중요합니다.
잘못 쓰면 건방지다는 말을 듣기 십상이지요.
이는 바로 문화와 관련이 있습니다.
가령 일부 다른 나라 다른 문화권에서는
손바닥을 위로 향하게 하고
집게손가락 하나만 굽혔다 폈다 하면서
부를 사람을 부르기도 하고
또는 네 손가락을 다 쓰기도 합니다.
나라마다 부족마다 문화가 다른 까닭입니다.

어찌 보면 정감이 더 갈 수도 있고
어찌 보면 버릇없어 보일 수 있는 까닭에
혹시라도 외국에 나가거나
또는 외국의 문화를 접하게 될 경우
반드시 미리미리 익혀둘 필요가 있습니다.
아무튼 부를 초招에는 손扌이 들어있습니다.
이 부를 초招 자에는 부르다, 손짓하다, 묶다, 결박하다

얽어매다, 속박하다, 구하다, 나타내다, 밝히다, 흔들리다
몸을 움직이다, 과녁, 별 이름 따위의 뜻이 들어있고
지적할 교招로 새길 때는 지적하다, 걸다, 게시하다, 들다
들어 올리다, 높다, 높이 오르다 등이 있으며
풍류 이름 소招로 새길 경우
풍류風流 이름의 뜻이 들어있습니다.

앞에서 기쁠 환歡 자를 풀이하면서
황새 관鸛 자에 하품 흠欠을 얘기했습니다.
'황새' 하면 《쭈앙즈莊子》〈소요편〉의
'붕鵬'이라는 새가 떠오르곤 합니다.
그러면서 쭈앙즈莊子는 말하지요.
'때까치가 어찌 붕새의 뜻을 알랴'입니다.
이는 뱁새가 어찌 황새의 뜻을 알랴와 같습니다.
황새가 우리나라에서 점차 사라집니다.
안타까운 일이나 사실입니다.

얘기가 나온 김에 동물의 시력을 볼까요.
지구상에서 가장 시력이 좋은 동물이 있는데
첫째는 타조로서 시력계 25.0
둘째는 보라매로 시력계 9.0
셋째는 독수리로 시력계 5.0

넷째는 갈매기로 시력계 5.0
이들 4위까지가 모두 조류鳥類입니다.
다섯째는 기린麒麟으로 4~7km를 내다보고
여섯째는 호랑이로 그믐밤에 사람의 6배
일곱째는 하이에나로 호랑이에 준합니다.

사람은 태국의 모겐족으로 시력계 9.0이니
보라매의 시력과 거의 같습니다.
나는 왼눈이 1.2고 오른눈이 1.0이지만
40대 초부터 노안老眼에 원시遠視가 겹치면서
약 30cm 거리의 가까운 글을 읽으려면
반드시 이에 맞는 안경을 써야 합니다.

<189>
거渠**하**荷**적**的**력**歷
원園**망**莽**추**抽**조**條

0753 **도랑 거** 渠

0754 **연꽃 하** 荷

0755 **과녁 적** 的

0756 **지낼 력** 歷

도랑에핀 연꽃에도 역사가있듯
마당에핀 잡초에도 지조가있네

0753 도랑 거 渠

渠

도랑 거渠 자는 삼수변 氵에 꼴소리 문자입니다.
뜻을 나타내는 삼수변 氵=水/氺/물과
소릿값 클 거巨 자가 합하여 이루어졌습니다.
나무 목木 자를 클 거巨 아래에 붙인 것은
도랑은 자연 하천이기도 하지만
예전에는 도랑 양쪽에 목책木柵을 박아
흙의 흘러내림을 방지하는 동시에
개골창 물이 잘 빠지도록 길게 팠습니다.
도랑 거渠 자가 생기게 된 인연입니다.

그렇다면 도랑이 왜 그토록 중요할까요?
개골창 물이 모여 도랑이 되고
도랑물이 모여 좀 큰 개울이 되고
개울물이 모여 좀 더 큰 하천이 되고
하천물이 모여 작은 강이 되고
그리하여 마침내 커다란 강으로 흐릅니다.
그러면서 바다로 흘러들지요.

우리나라에는 4대강이 있는데
낙동강을 비롯하여 한강 금강 영산강입니다.
내가 이렇게 말하면 어떤 이는 반문합니다.

"한강이 가장 많은 국민을 먹여 살리고
낙동강이 가장 길지 않습니까,
낙동강을 앞에 둔 이유가 무엇입니까?"
강이니까 '길이순'이 편해서일 뿐입니다.
낙동강도 한강도 중요하지만
그러나 비단결錦 물길江도
아름다운榮 산山을 끼고 도는 물길江도
소중하기는 모두 마찬가지입니다.

'길이순'이라면 낙동강은 506.17km로 가장 길고
한강도 자그마치 494.44km로
낙동강에 견주어 겨우 12km가 짧을 뿐입니다.
금강은 한강보다 겨우 97km가 짧은 397.79km이니
그다지 짧은 강이 아닙니다.
영산강은 136.66km이니 생각보다 많이 짧습니다.
낙동강의 4분의 1 수준이고
셋째로 긴 금강의 3분의 1 수준이네요
그러나 영산강은 담양에서 발원하여

광주광역시를 거치고 나주, 함평, 무안 지역을 지나
마침내 서해西海로 들어갑니다.

국어사전에는 서해가 황해로 되어 있습니다.
황해란 중국의 황허黃河에서 기인하고
북의 황해도란 지명도 그에서 기인합니다.
그런데 오늘날 동해의 일본해 표기를 반대하면서
왜 아직도 서해를 우리는 황해라 부르는지 모르겠습니다.

서해가 아니고 왜 하필 황해黃海입니까.
분명 남해는 '남해南海'로 표기하고,
동해는 동해東海로 표기하면서
북의 황해도黃海道 때문에 황해입니까?
얼마 전 우리 불교계 일부에서는
노스 페이스The North Face제품에 대해
불매운동을 벌이자고 한 적이 있습니다.
노스페이스가 등산용품 아웃도어 브랜드에
세계지도를 무늬로 찍어 넣었는데
만국기와 함께 전면에 일본기가 실렸고
게다가 일본해Japan sea가 찍혀 있었습니다.
왜 동해the East Sea가 아닌 일본해란 말입니까?

내가 아프리카 탄자니아Tanzania에 머물 때인
10여 년 전 그 당시에도 이미 탄자니아
그들 교과서 세계지도에는 '일본해'였습니다.
그런데 우리는 지금 동해를 주장합니다.
독도가 한국의 영토이니 당연히 동해라고 해야만 하겠지요.
그 도서를 중심으로 한 주변 바다를
나는 대한민국 영해라 불러야 한다고 봅니다.
억지라고요?
으레 억지일 수도 있습니다.
하긴 탄자니아 동쪽의 바다가 인도양입니다.
그 인도양에 탄자니아의 아름다운 섬 응구자
곧 잔지바르와 펨바, 마피아가 있습니다.
드넓은 대양에는 미국해가 없고
중국해가 없으며 러시아해가 없습니다.

그러니 일본해에 한국의 독도가 있는 게
그다지 무리가 아닐 수 있습니다.
나는 당시 아프리카의 세계지도를 보며
동해와 서해표기에 제일 먼저 눈길이 갔습니다.
동해는 재팬씨, 서해는 옐로우씨였습니다.
조선시대에도 동해는 조선해였는데
언제 이렇게 일본해로 둔갑을 하였습니까?

속상하고 화가 치밀어오르긴 지금도 마찬가지입니다.

도랑이 중요한 것은 바다의 시원인 까닭입니다.
도랑이 오염되면 바다가 오염됩니다.
도랑이 깨끗하면 바다가 청정합니다.
마치 《원각경圓覺經》〈보안보살장〉에서
"한마음이 청정하면 국토가 청정하다"처럼
바다의 원조가 도랑이기 때문입니다.

옛날 기사를 읽다 보니
우리나라에서 도랑을 가장 잘 가꾼 도시가
다른 곳이 아닌 경남 창원시였습니다.
몇 년 전 기사이지만 전국 3연패였습니다.
요임금이 자기 핏줄도 아닌데
순임금에게 나라를 맡기고
순임금 또한 제 살붙이도 아닌데
우임금에게 나라를 통째로 넘겼습니다.
이유는 바로 치수治水였습니다.
몇 년 전 어떠한 인연이 있어서
창원시 환경사업소를 방문한 적이 있습니다.
전체적이고 외형적인 디자인에서부터
쾌적과 안전을 중심으로 설계 시공한 점에 대해

나는 벌린 입을 다물지 못했습니다.
아! 창원 시민과 창원 공무원 모든 분들에게
명예 요순우탕堯舜禹湯임금님패를 드리고 싶습니다.

도랑 거渠 자에 담긴 뜻은
개골창 물이 흘러 나가도록
길게 판 내를 비롯하여
매우 좁고 작은 개울, 해자垓子, 우두머리, 다리, 방패
하루살이, 깊고 넓은 모양, 갑자기, 느닷없이, 어찌, 그
도랑을 파다, 크다 따위며
관련 한자로는 도랑 구溝 자가 있습니다.

0754 연꽃 하荷

멜 하, 꾸짖을 하, 잗달 가荷 자는
초두머리⁺⁺에 11획이며 꼴소리 문자입니다.
어찌 하, 멜 하何 자가 본자本字입니다.
뜻을 지닌 초두머리⁺⁺=艸, 풀, 풀의 싹과

소릿값이면서 물건을 등에 짊어진다는
멜 하何 자로 이루어진 글자입니다.

처음에는 물건을 올려놓는 연잎을 뜻하다가
나중에 하何는 의문疑問의 말로 쓰이고
하荷는 등에 짊어진다는 의미를 부여하여
짐의 뜻으로 널리 쓰이게 되었습니다.
우리가 흔히 쓰는 말에 하역荷役이 있습니다.
배나 비행기 따위에 짐을 싣고 내림입니다.
영어로는 Cargo work가 이에 해당하지요.

아무튼 여기에서는 연꽃입니다.
어디 어떤 무슨 연꽃입니까?
도랑에 핀 연꽃입니다.
제대로 된 연못에 피어오른 연꽃이 아니라
개골창 물이 흘러내리는 도랑의 연꽃입니다.
생명은 어디서나 소중합니다.
쩍쩍 갈라진 아스팔트 시멘트 바닥에서도
새싹은 솟고 꽃은 아름다움을 드러냅니다.
도랑의 연꽃도 또한 그러합니다.

연꽃 하荷 자에 담긴 뜻으로는 메다, 짊어지다, 부담하다

책임지다, 담당하다, 꾸짖다, 따져 묻다, 은혜를 입다
짐, 화물, 연, 연꽃 등이 있습니다.
잗달 가荷 자로 새길 경우에는 잗달다
하는 짓이 잘고 인색하다, 자질구레하다, 번거롭다
까다롭다의 뜻이 담겨 있으며
관련된 한자로는 어찌 하/꾸짖을 하/멜 하何 자가 있고
멜 담擔 자가 있습니다.

0755 과녁 적的

的

과녁 적的 자는 흰 백白 부수며
꼴形과 소리聲로 이루어진 문자입니다.
뜻을 지닌 흰 백白, 희다, 밝다 부수와
소릿값으로 표주박 적勺이 합하여 이루어졌습니다.
표주박勺은 명확하다, 밝다의 뜻이고
해처럼 둥글고 밝게白 보인다는 뜻입니다.
표주박이 왜 명확할까요.
물을 담으면 거기에 햇빛이 담기는 까닭이고

햇빛이 담기면 밝게 보이는 까닭입니다.

따라서 이들 해와 표주박이 합하여
분명한 목적目的이 생겼습니다.
목적目的이란 용어에 나오듯 과녁입니다.
과녁 적的 자는 본디 흰 백白 대신
날 일日과 표주박 작勺이었습니다만
이처럼 날 일日 자가 흰 백白 자로 바뀌며
오늘날의 적的 자로 변신한 것입니다.
이것이 바로 언어와 문자의 변천입니다.
담긴 뜻으로는 과녁, 목표, 표준, 참, 진실, 곱다
맏아들, 연밥, 연꽃의 열매, 연지
입술이나 뺨에 찍는 붉은 빛깔의 염료
이마가 흰 말, 뾰족한 봉우리, 도대체, 대관절
분명하다, 밝다, 선명하다, 적실하다 따위입니다.

같은 과녁 적的 자가 있는데
앞의 과녁 적的 자보다 범주가 좁습니다.
적的은 그 범위가 과녁에 갇히지 않고
과녁射的, 대상, 목표, 표적 등을 비롯하여
이름씨 뒤에 붙어 관련과 상태와 성질 등
다양하게 영향을 미치고 있습니다.

그러나 적的은 그 글자에서 보여주듯이
활弓과 구기勺에 국한된다는 것이지요.

0756 지날 력 歷

지날 력, 책력 력歷으로도 새깁니다만
그칠 지止 자 부수에 꼴소리 문자입니다.
뜻을 지닌 그칠 지止, 그치다
발자국 부수와 소릿값 책력 력厤으로 이루어졌습니다.
책력 력厤과 그칠 지止를 합친 글자는
'차례차례로 걸어가다'
'여러 곳을 두루 돌아다니다'
'공간을 지나감'의 뜻을 지니고 있습니다.

시간이 지나는 데는
책력 력曆이란 글자가 따로 있지만
지낼 력歷은 장소를 지나간다는 데는 물론
책력 력曆의 뜻으로도 쓰여지고 있습니다.

따라서 '지나다'는 공간적이고 '지내다'는 시간적이지요.
역歷과 역曆 두 글자를 놓고 헷갈리시지요?

구분하는 방법은 아래 놓인 글자입니다.
그칠 지, 멈출 지止 자는 발의 정지이니 공간입니다.
발은 공간을 이동하기 위해 필요하지요.
발의 움직임이 필疋인데 달리는 모습이고
서 있음이 지止이니 가만히 있지 않습니까?
그런데 시간의 흐름은 날 일日 자를 붙입니다.
따라서 공간적 용어 '지나다'와 달리 '지내다'로 표기합니다.
옛날이나 지금이나 농촌에서는
논두렁길을 곧잘 걸어 다니곤 했습니다.

봇물을 보기 위해 논두렁 위를 걷고
피사리를 하기 위해 논두렁을 걸었습니다.
논두렁 콩을 심고 거두기 위해
논두렁에 웃자란 풀을 베기 위해
때로는 메뚜기를 잡기 위해 논두렁을 걸었지요.
따라서 기슭엄厂 아래 벼포기 력秝 자를 쓴
책력 력曆 자는 시공간에 두루 해당하지만
날 일日 자를 쓰면 시간을 기록함이고,
그칠 지止 자를 쓰면 공간을 기록함입니다.

역사歷史란 시간의 기록이 아닐까요?

역사는 시간의 기록이며 사건의 기록입니다.

사건은 시간 속에서 빚어지는 다양한 행위입니다.

행위와 사건은 반드시 공간성을 지닙니다.

그래서 역사의 역歷 자에는 지止가 있습니다.

그러나 행위 없는 사건이 없고

사건 없는 역사가 없듯

역사는 반드시 시간성을 근간으로 합니다.

따라서 책력 력曆에도 지날 력歷의 뜻이 있고

지날 력歷에도 책력 력曆의 뜻이 있습니다.

말씀드리지만 '지나다'와 '지내다'는 다르지만

경도와 위도가 얽히듯 얽혀있습니다.

마치 광활한 우주宇宙처럼

담긴 뜻으로는 지나다, 겪다, 세월을 보내다, 다니다

가다, 넘다, 넘치다, 성기다, 물건의 사이가 뜨다

어지럽다, 엇걸다, 분명하다, 책력, 달력, 역법, 역서

두루이며 관련된 한자로는 지날 력

책력 력历,厤,曆,歷 자가 있으며

지날 과/재앙 화過와 지날 경/글 경經 자 등이 있습니다.

<190>
거渠하荷적的력歷
원園망莽추抽조條

0757 동산 원 園

0758 잡풀 망 莽

0759 뽑을 추 抽

0760 가지 조 條

도랑에핀 연꽃에도 역사가있듯
마당에핀 잡초에도 지조가있네

0757 동산 원園

동산 원園은 큰입구몸口의 꼴소리 문자입니다.
간체자 동산 원园 자의 본자로서
에워싼 모양을 뜻하는 큰입구몸口과
소릿값 성씨 원袁이 합하여 이루어졌습니다.

에워쌀 위口는 에워싸는 모양이고
소릿값 성씨 원袁은 여유가 있는 모양입니다.
과수원, 채마밭, 작은 언덕을 뜻합니다.
큰 집 정원에 만들어 놓은 작은 산이나 숲
집 안 앞뒤나 좌우로 딸려 있는 빈 터, 채마밭, 구역, 능
묘역, 사원, 원소苑沼 곧 동산과 연못, 원소園所
별장, 담, 담장, 울 등이 있습니다.
관련된 한자로는 깎을 완, 동산 원園 자가 있고
초두⁺⁺를 머리에 인 동산 원薗 자가 있으며
멀 원遠 자가 있습니다.

동산 원園 자가 처음 쓰이게 된 것은

오늘날처럼 정원Park의 의미보다는
헐렁헐렁한 가사를 두른 스님네 처소였지요.
한 마디로 기원정사祇園精舍입니다.
기원정사는 수달須達이라는 장자長者가
기타 태자에게서 땅을 기증받아
그 위에 부처님과 1,250명 비구들이 함께 머물
마음을 가지런히 하는 집精舍을 지은 것입니다.
따라서 기원정사는 땅 기증자의 이름 '기祇'와
절을 지은 '수달' 장자의 이름 '원園'을 따서
기원정사라 이름한 것입니다.

그런데 수달 장자가 어찌하여 원園이냐고요.
수달 장자는 너무 뛰어난 사업가였습니다.
그가 뛰어난 사업가요 장자라는 것은
돈을 버는 데만 뛰어난 게 아니라
돈을 쓰는 데도 뛰어난 까닭에 장자입니다.

그는 늘 고독孤獨한 이들을 도왔습니다.
양친이 다 계시지 않는 어린이가 고孤요
늙어 자식이 없는 이도 고孤입니다.
남편이 떠난 뒤 혼자 사는 여인이 독獨이요.
아내가 떠난 뒤 혼자 사는 남정네도 독獨입니다.

조실부모早失父母의 일찍 조早 자는
열十 살日이란 어린 소년소녀를 뜻합니다.
수달 장자는 번 돈을 이들을 위해 베풀었습니다.
그때부터 사람들은 수달 장자의
'수달'이란 이름을 부르지 않았습니다,
급고독給孤獨이란 닉네임으로 불렀습니다.
급고독의 급給이 줄 급給 자인데
헐벗은 이에게는 옷糸을 나누어 주고
굶주린 자에게는 음식食을 베푼다는 뜻입니다.

그런 장소를 급고독원給孤獨園이라 했는데
기원정사의 원園도 이에 기인합니다.
기원정사는 그렇게 세워졌습니다.
땅 불사 기증자 기타 태자의 이름과
건축 불사 이룬 자 급고독원 장자의 이름으로
부처님과 천 명 대중들에게 공급되었습니다.

동아프리카 탄자니아 수도 다르에스살람에
보리가람 농업기술대학이 세워졌습니다.
땅을 기증한 사람은 비록 나였지만
거기에 장엄한 대학교를 세운 이들은
총무원장 스님을 비롯한 사부대중이었습니다.

한국불교 1,700년 역사상 처음이었습니다.
첫 발자국이 절이 아니라 대학입니다.

어젯밤 8시 뉴스를 접하다가
안중근 의사의 친필을 보게 되었습니다.

'황금백만냥불여일교자黃金百萬兩不如一敎子/
황금이 백만 냥일지라도 자식 하나 가르침만 못하다.'

나는 아프리카를 떠올리며 눈물을 흘렸습니다.
자승 총무원장과 사부대중이 정말 큰일을 하셨지요.
누가 뭐라든 아프리카에 대학을 세운 일은
영원히 불교 청사에 남을 것입니다.

가사를 헐렁헐렁한 옷袁이라 했는데
가사라는 게 기성복도 맞춤옷도 아닙니다.
버리는 헝겊 조각을 주워다가 기운 옷입니다.
옛날 큰스님들의 누더기가 원袁이고
예술의 한 장르인 퀼트Quilt가 원袁입니다.
원袁은 옷 의衣 부수에 들어있는 글자지요.
누비옷, 누더기옷, 가사를 몸에 두른 스님네에게서
원園이 시작이 된 것입니다.

0758 잡풀 망 莽

비슷한 글자로 잡풀 망莽 자가 있는데
역시 우거질 망, 우거질 무莽로도 새기며
초두머리⁺⁺ 부수에 끌소리 문자입니다.
풀숲에서 토끼를 쫓는 개의 뜻입니다.
풀숲⁺⁺에서 토끼를 쫓는 개犬를
우거질 망, 잡풀 망莽이라 했습니다.
동물들이 사냥을 할 때는 3부류로 나뉩니다.
홀로 사냥해서 홀로 먹는 부류
여럿이 사냥해서 여럿이 나누는 부류
남이 잡아 놓은 먹이를 가로채는 부류입니다.

이 잡풀 망莽에는 공조廾가 엿보입니다.
최소한 2마리 이상이 협동으로
토끼 한 마리를 쫓는 그림이 보입니다.
개는 보름달을 바라보며 울부짖는 늑대였지요.
이리, 승냥이, 여우도 같은 과일 것입니다.

사람에게 길들여지면서 야성을 잃었지만
개는 실로 엄청 무서운 동물입니다.
개는 끼지 않는 곳이 없습니다.
따라서 개는 개介입니다.
사람人 사이에 끼어서 살아가는 동물인데
사람 덕분에 살아가기도 하지만
사람 못지않게 도움을 주는 동물이지요.
오죽하면 모욕 중에 '개보다 낫다'하겠습니까.
개자식이니 개새끼니 하는 욕도 개수니까
사람人 사이에 낄ㅣ수 있습니다.

나는 할머니 사랑을 전혀 모릅니다.
내가 태어나기 전 외할머는 아니 계셨고
친할머니는 어려서 기억이 나질 않습니다.
손자 손녀가 귀여우면 어르면서 하시는 말씀이
"어이구 우리 귀여운 강아지"합니다.
풀숲을 요리조리 잘 뒤지며 다니는 개수
그 개가 복수複數인 개들介이 될 때
무서운 사냥 실력이 나오게 마련입니다.
잡풀 망莽으로 새기거나
우거질 무莽로 새길 경우에도 담긴 뜻은 같습니다.
풀숲이 우거지다, 거칠다, 넓다, 광활하다, 숲, 풀, 크다

아득하다, 멀다, 개가 토끼를 쫓다, 들경치
시골경치 따위입니다.

0759 뽑을 추 抽

뽑을 추抽는 재방변 扌 에 꼴소리 문자입니다.
당길 추/바를 류/유由의 본자입니다.
뜻을 나타내는 재방변 扌 부수와
소릿값 말미암을 유, 추由로 이루어졌습니다.
손으로 뽑다, 빼내다의 뜻이 들어있지요.
이 뽑을 추抽 자에 담긴 뜻으로는
뽑다, 뽑아내다, 빼다, 없애다, 제거하다, 찢다, 부수다
거두다, 거두어들이다, 당기다, 잡아당기다, 싹트다
싹이 나오다 등입니다.

관련 한자로는 당길 추, 바를 류搹, 搚, 뽑을 발
무성할 패拔, 뽑을 탁擢, 집 주宙, 말미암을 유
여자의 웃는 모양 요甹, 기름 유油 자가 있습니다.

추상抽象abstraction이란 말이 있습니다.
일정한 인식 목표를 추구하기 위하여
여러 가지 표상이나 개념에서
특정한 특성이나 속성을 빼내는 작업입니다.
또는 그 빼낸 것을 사고의 대상으로 하는
정신 작용을 가리키는 말이기도 합니다.

여기에는 추상 명사an abstract noun가 있고
추상 예술abstract art이 있으며
추상화an abstract painting가 있고
나아가 추상표현주의abstract expressionism가 있습니다.
'자유로운 영혼'이란 말이 있습니다.
추抽란 자유로운由 형태에 미룸扌이니
어떤 틀에도 얽매이지 않는 영혼이겠지요.

0760 가지 조條

條

가지 조條 자는 나무 목木 자 부수입니다.
그리고 가장 흔한 꼴소리形聲 문자입니다.
뜻을 나타내는 나무 목木 부수와
소릿값 바 유攸가 합하여 이루어졌습니다.
바 유攸 자의 소릿값은 '유'가 아닌 '조'입니다.

바 유攸는 쭉쭉 뻗은 모양을 뜻하며
가지런히 할 수修 자와 뜻이 통합니다.
닦을 수修 자를 가지런히 할 수修로 새겼는데
닦는다는 것은 마음을 가지런히 함이고
그 행동을 가지런히 함이며
그 말을 가지런하게 훈련함입니다.
닦을 수修에 들어있는 머리 삼/수염 삼彡 자가
조금은 가지런해 보이지 않습니까.

가지 조條 자에 담긴 뜻은
쭉쭉 뻗은 새로운 가지와 함께

새로운 가지를 뻗어낸 한 갈래 줄기가 있고
그 숱한 줄기를 뻗어 낸 밑둥이 있으며
그 밑둥을 뽑아올린 밑바닥에 뿌리가 있습니다.

다시 말해서 모든 사물에는 뿌리가 있고
뿌리는 밑둥과 줄기를 뽑아 올리며
줄기는 숱한 가지를 뻗어내고
그들 가지는 잎사귀와 꽃을 피워냅니다.
담긴 뜻은 가지, 조리, 맥락, 조목, 끈, 줄, 법규
유자나무, 통하다, 길다 따위입니다.

조條란 몫을 뜻하는 말입니다.
일부 이름씨名詞나 대이름씨代名詞 아래 쓰입니다.
조목, 항목의 뜻을 나타내는 말입니다.
특히 법조문에서 많이 쓰이지요.
헌법 제 몇조 몇항이라 하듯이 말입니다.
어떤 단서나 근거로 될 만한 것의 뜻이지요.
관련된 한자를 살펴보면 참 많지만
더도 덜도 말고 딱 2글자만 여기 올립니다.
간체자 가지 조条와 나무 목을 더한 가지 조樤 자입니다.

<191>
비枇파杷만晚취翠

오梧동桐조早조凋

0761 **비파나무 비** 枇

0762 **바파나무 파** 杷

0763 **늦을 만** 晚

0764 **푸를 취** 翠

비파나무 겨우내내 그빛푸르고
오동나무 가장먼저 잎이마른다

0761 비파나무 비 枇

枇

비파나무 비 枇 자는 나무 목 木 부수에 끝소리 문자입니다.
비파나무 비 枾 자와 같은 자로
뜻을 나타내는 나무 목 木 자에
소릿값 견줄 비 比가 합하여 이루어졌습니다.
이처럼 부수를 변으로 붙이기도 하고
아래에 놓기도 했습니다.
그렇다고 하여 모든 한자 漢字가
부수를 아무렇게나 붙이지는 않습니다.

가령 날 일 日 자와 나무 목 木 자를
위치를 바꾸어 가며 놓으면
뜻이 달라지는 경우도 있습니다.
나무와 태양의 위치가 바뀐다는 것은
곧 시간의 다름 때문일 것입니다

해 日가 나무 木 아래 놓이면 아득할 묘 杳 자니
아득함과 어둠을 같은 그림씨로 본 것이고

나뭇木 중간에 해日가 걸리면 동녘 동東 자니
해가 나뭇가지 사이로 떠오르는 새벽입니다.
해日가 나무木 위에 있으면 밝을 고杲 자니
해가 중천에 오른 한낮이겠지요.
따라서 고杲 묘杳는 뜻모음會意 문자로
동東은 그림象形 문자로 분류하곤 합니다.
나는 어렸을 때 한문을 익히며
온갖 생각의 가짓수를 늘려갔습니다.

한글의 '응'은 '이응'이 위로 놓이나 아래 놓이나
다같이 '응'이라 읽고
'음'도 '미음'이 위로 놓이나 아래 놓이나
'음' 외에는 다른 발음이 없습니다.
'곰'은 내가 읽으면 '곰'인데
앞에 앉은 사람이 읽으면 '문'이 됩니다.
곰은 생명을 가진 무시무시한 동물인데 비해
문은 안팎의 공간을 막거나
보여주는 건축물에서 가장 소중한 곳이지요.
같은 자음 두 개와 모음 하나를 놓고도
ㅁㅗㅁ은 '몸'이 되고,
ㅁㅏㅁ은 '맘=마음'이 되고,
ㄴㅓ는 '너'가 되고 ㄴㅏ는 '나'가 됩니다.

그런데 한자에도 우리 한글처럼
위치에 따라 뜻이 달라지는 것이 있지요.
물론 우리 한글처럼 과학적이지는 못합니다.
과학적인 한글에 비해 한자는 문화적입니다.
그렇다고 단정 짓지는 마십시오.
한글에도 높은 문화가 깃들어 있습니다.
오히려 과학과 문명이 높다는 것은
그에 따르는 문화도 품격이 높은 법입니다.

아무튼 한자에는 그 글자 하나하나에
그림 문화가 있고
문자 문화가 있고
빛깔의 문화가 있고
사건 문화가 있고
소리 문화가 있고
율동 문화가 있고
향기와 맛의 문화가 있으며
　앎知과 느낌覺의 문화가 있습니다.
공간과 시간과 존재의 문화가 있습니다.

비파나무 비枇 자에 담긴 뜻은
비파나무는 장미과의 상록 교목으로

비파琵琶를 만들어내는 비파는 아니지요.
주걱을 만들기도 하지만
참빗을 만들어 머리를 빗고, 빗질합니다.

0762 비파나무 파杷

비파나무 파杷는 나무목木 부수의 꼴소리 문자입니다.
뜻을 나타내는 나무목木 부와
소릿값 '꼬리 파巴'가 합하여 이루어졌습니다.

비파나무枇杷, 장미과의 상록 교목으로
어떤 기구 끝에 달린 손잡이로 곧 자루이며
써레로써 마소에 끌려 갈아 놓은 논바닥을 고르거나
흙덩이를 잘게 부수는 농구입니다.
밭 고무래로 곡식을 그러모으고 펴거나
밭 이랑의 망을 치고 흙을 고르거나
아궁이의 재를 긁어모으는 데에 쓰는
고무래 정丁 자 모양의 농기구를 일컫습니다.

비파枇杷나무는 생소한 이름이지만
비파琵琶는 익숙한 이름이지요.
그런데 비파나무 열매가 악기 비파를 닮아
비파나무로 이름이 붙여졌다니 재미있습니다.
소위 이는 마치 원산지가 중국인 비파나무가
일본에 가서 모과의 이름으로 단장을 하고
유럽과 미국으로 건너가 이름을 바꿈과 같습니다.
어떤 이름으로요?
Japanese medlar로 말입니다.

왜 브랜드는 미국이고 이태리고 독일이고
프랑스고 영국이고 일본이고 한국인데도
제조국은 거의가 메이드 인 차이나
곧 중국의 제품이지요.
어쩌면 이처럼 중국의 비파나무가 세계로 퍼지며
그 나라 그 민족에게 맞게 꾸며졌을 것입니다.

비파가 만병통치약이라 불리는 만큼
우리 몸에 안 좋은 곳이 거의 없다고 합니다.
문헌에 따르면 여러 효능을 가지고 있는데
잎과 열매의 효능이 다르다고 합니다.
비파나무 열매에는 당분, 능금산, 펩신이 들어 있으며

비타민A, 비타민B, 비타민C 등이 풍부하고
특히 열매에 든 과육에는
아미노산과 글루탐산, 아스파르트산이 가장 많습니다.

이러한 성분을 함유하고 있는 비파 열매는
신경통, 류마티즘 등 통증 완화 효과가 있어서
천연 통증 치료제로 쓰이기도 합니다.
그리고 기침, 가래, 천식, 염증 치료 등
기관지 질환에 좋은 효과가 있으며
위장을 건강하게 하여 구취 제거에 도움이 됩니다.
양치 후에도 구취 때문에 고민인 분들은
비파열매를 한번 섭취해보는 것도 좋습니다.
게다가 비파 열매를 꾸준히 섭취하는 분들은
당뇨병과 고혈압에 좋은 효과를 볼 수 있고
항암효과에도 탁월한 효능을 발휘한답니다.
유기산이 소염 효과와 항산화 작용을 하므로
노화 예방에도 좋은 효과가 있다고 합니다.
일본 장수촌 마을의 어르신들이
비파 열매를 즐겨 드신다는 것은 전설이 아닙니다.

비파나무의 잎을 살펴보면
진해, 거담, 청폐, 이수 등의 효능이 있어서

폐열해소, 기관지염, 구역, 애기들 딸꾹질,
부종 등에 잎을 달여 먹기도 합니다.
또한 열매와 비슷하게 통증 완화 효능이 있어서
몸이 쑤시거나 불면증이 있는 이들의 경우
비파나무 잎이 신경세포를 강화해 주므로
비파잎을 차로 우려 드시면 좋습니다.
비파잎은 기혈과 수분을 원활하게 해 주기에
비만을 미리 예방할 수 있다고도 합니다.

불교경전에 '무환자無患者 나무'가 나오는데
원산지 중국에서 인도로 건너갔을 것입니다.
판Pan의 움직임, 곧 대륙의 이동에 따라
수억 년 전부터 식물계 동물계 균계도
함께 옮겨갔을 것이라는 게 정설입니다.

0763 늦을 만 晚

晚

늦을 만 晚 자를 살펴보면
날일변 日 변에 총 12획이고 꼴소리 문자입니다.
뜻을 나타내는 날 일 日 자와
소릿값 면할 면 免이 합하여 이루어졌습니다.

소릿값에 해당하는 면할 면 免 자는
본디 '애를 낳다' 의 뜻을 품고 있습니다.
그러나 여기에서는 엎드리다의 뜻과
머리를 숙이다의 뜻이 있습니다.
해질녘 곧 낙조 落照를 말하고 있습니다.

뜨겁게 타오르는 태양 아래서 신음하던 이들은
해 日가 지고 免 나면 환호성을 질렀습니다.
공장의 노동자들도 거리의 일용 근로자들도
수십 리 길 물을 여 나르는 여인들도
들녘의 농부도
일손을 멈추고 기도를 올립니다.

만종晩鍾이란 작품의 탄생 배경입니다.
"신이시여, 감사하나이다.
태양을 잠시 데려가 주심에 감사하나이다."
"하느님 감사합니다. 서늘한 바람을 가져다 주심이여!"

사람들은 환호합니다.
"드디어 태양日으로부터 해방免되었다."
"와! 저녁晩이다."
"보라! 태양의 시간은 떠났고
이제 사람의 시간이 도래하였도다."
"보라! 서방정토가 어디랴
해가 진 이 시간 바로 여기로다."
그래서일까 중국인들은
느긋한 표정으로 저녁 인사를 나눕니다.
"완안晩安!" 우리말로 '편안한 밤,
즐거운 저녁, 행복한 밤이 되시길'이 될 것입니다.
참고로 아침 인사는 어떻게 할까요?
"짜오안부安!", 또는 "챠오안朝安."이지요

담긴 뜻은 늦다, 해가 저물다, 늙다, 쇠하다, 해질녘, 황혼
저녁, 늦은 밤, 깊은 밤, 노년, 만년, 끝
관련된 한자로는

늦을 만晚, 이를 조早, 면할 면/해산할 문免,
토끼 토兔, 힘쓸 면勉 자 등이 있습니다.

0764 푸를 취翠

푸를 취, 물총새 취翠는 꼴소리 문자입니다.
뜻을 나타내는 깃 우羽 부수와
소릿값 병사 졸卒 자가 합하여 이루어졌습니다.
역시 가장 흔한 꼴形소리聲 문자입니다.
담긴 뜻은 푸르다, 비취색, 청록색, 비취, 물총새,
물총샛과의 새, 물총새의 깃, 새 꼬리, 고기입니다.
관련된 한자로는 푸를 취/물총새 취翠, 푸를 창蒼
푸를 벽碧, 푸를 록綠, 푸를 청靑 자 따위입니다.

새가 날갯짓羽을 마치후고 나면
늙은 새일까요, 젊은 새일까요.
젊은 새거나 아직 어린 새입니다.
젊음은 회색일까요

푸른색일까요?
으레 푸른색입니다.
은색 회색은 어르신 색이고
푸른색은 어린이 젊은이 색이 맞습니다.
푸를 취翠와 푸를 청靑은 같은 그림씨입니다.

<192>

비枇파杷만晚취翠
오梧동桐조早조凋

0765 **오동 오** 梧

0766 **오동 동** 桐

0767 **이를 조** 早

0768 **마를 조** 凋

비파나무 겨우내내 그빛푸르고
오동나무 가장먼저 잎이마른다

0765 오동 오梧

梧

또는 오동나무 오梧, 악기 이름 어梧입니다.
나무 목木 부수에 꼴소리 문자며
뜻을 나타내는 나무 목木 부수部首와
소릿값에 해당하는 나 오吾 자로 이루어졌습니다.
오동나무 동桐의 소릿값 동同이 재미있습니다.
가까이 있는 이는 물론 먼 데冂 사람까지도
큰일을 위해서는 한一목소리口를 냄이
다름 아닌 한가지 동同입니다.

며칠 전 동영상에서 한 재담가의 사회로
성주의 사드 배치 반대 프로그램을 보았는데
그가 하는 말은 매우 번드르르했지만
빠진 이야기들이 참 많았습니다.
사드 배치의 반대에 들어가는 주항목은 뭡니까.
레이더에 나오는 전자파입니다.
대한민국헌법은 원고 없이 줄줄 꿰면서
전자파 크기는 왜 계산에 넣지 않았는지요.

전자파를 계산하면 사드의 레이더는
우리가 매일 손에 들고 다니는
개인 소유 1호 스마트폰 전자파보다 오히려 적습니다.
국방부장관이 성주를 방문하고
국무총리가 성주를 방문하는 목적이 뭡니까?
핵미사일 방어 사드 배치의 필요성입니다.
그런데 왜 전자파에 대한 물리학자 대동하지 않습니까?
핵물리학자가 우리나라에는 그리도 없습니까?
에너지의 힘이란 것이
질량, 속도, 거리의 제곱에 비례한다는 것을 알면
지상에서 고도로 향하는 사드의 전자파와
매일 여러 시간을 눈 가까이에서 들여다보는
스마트폰 중 어느 것이 인체에 해로울까요.

오동나무 오梧의 나 오吾 자가
인간이 지닌 다섯五 감관口을 나로 삼는다면
오동나무 동桐의 한가지 동同 자는
이처럼 멀冂거나 이웃一이거나
적 앞에서는 언제나 한 목소리口를 내야 함일 것입니다

재담가의 말이 백 번 천 번 옳다고 하더라도
말에는 또 다른 이의 설득도 필요한 법입니다.

담긴 뜻으로는 오동나무
현삼과의 낙엽 활엽 교목, 책상, 서안書案, 기둥, 버팀목
거문고, 우리나라 현악기의 하나, 날다람쥐
다람쥣과의 동물, 버티다, 지탱하다, 크다
장대하다, 거스르다, 맞이하다이며
악기 이름으로 새길 때는 '어'로 발음합니다.

0766 오동 동桐

또는 오동나무 동桐으로도 새깁니다.
나무 목木 부수에 꼴소리 문자입니다.
뜻을 나타내는 나무 목木 부수와
소릿값 한가지 동同 자로 이루어졌습니다.
한가지 동同 자는 바로 통直通한다는 뜻입니다.
또한 나뭇결이 바른 나무의 뜻이지요.

오동나무는 생물 분류에서 식물계에 속합니다.
속씨식물군[미분류]이고, 진정쌍떡잎식물군[미분류]이며

국화군[미분류]입니다.
꿀풀목에 오동나무과며 오동나무속, 오동나무종입니다.
학명은 Paulownia coreana Uyeki, 1925이지요.
생물 분류체계는 칼 폰 린네에게서 시작합니다.
오동나무가 계界의 계통에서는
동물계나 균계가 아니니 으레 식물계이겠지요.
학명에 코리아나coreana로 나와 한국이 원산지이고
목目의 계에서는 꿀풀목입니다.
계界와 목目 사이에 문門과 강綱이 빠졌고
그 대신 미분류가 3개나 됩니다.

식물에는 겉씨식물군과 속씨식물이 있는데
오동은 속씨식물군입니다.
비파나무와 마찬가지로 국화군이고
진정쌍떡잎식물군에 속합니다.
과科와 속屬과 종種은 딴 녀석 아니랄까 봐
오동나무과 오동나무속 오동나무종이라 못을 박았습니다.
학명을 붙인 학자는 일본인 유예키Uyeki로
1925년이라면 일제침략기 때 붙였습니다.
우리나라가 원산지인 우리 오동나무에
일본학자가 이름을 붙이기까지
우리에게는 뛰어난 식물학자가 없었을까요?

아무튼 오동나무과의 오동나무 잎은
가을에 마르고 겨울에 지는 '큰키나무'입니다.

왜 우리는 종의 분류를 얘기하면서
과科 아래로 속屬이 있고 종種이 있는데
오동나무과니 고양잇과니 갯과니 볏과니 하면서
과를 중심으로 부르길 좋아할까요?
도대체 왜 그렇게 부를까요?
과의 영어 이름이 가족Family이기 때문일까요?
벽오동碧梧桐이 푸른색인데 견주어
붉동나무라며 곧 붉은 오동인데
그냥 오동梧桐이라고도 합니다.

0767 이를 조 早

이를 조 早 자를 잘 살펴보면
날일변 日에 쓴 뜻모음會意 문자입니다.
여러 가지 설이 있는데 한번 볼까요.

첫째, 태양 日이 솟는 동쪽의 뜻입니다.
동쪽의 뜻인 갑옷 갑 甲 자에는 날 일 日 자가 들어 있고
그 날 일 日 자를 위에서 아래로
관통한 막대가 곧 햇살의 의미입니다.
갑 甲의 방향은 동쪽인 까닭에
해가 돋는 여명이고 새벽이고 아침입니다.
갑옷 갑 甲이 왜 시간의 말미암음 由일까요.
말미암음, 곧 시작의 뜻을 지닌 유 由를
거꾸로 놓은 자가 갑 甲 자입니다.
따라서 갑 甲과 유 由는 다른 꼴 같은 뜻입니다.
또한 갑 甲은 쓸 용 用 자의 생략형입니다.
씀 用이 씀, 일, 작업의 한창이라면
갑 甲은 이제 막 씀 用을 위해 기지개를 켬입니다.

둘째, 갑甲은 도토리나무 열매 모양입니다.
이 나무 열매에서 염료를 채취하므로
검다, 어둡다는 뜻으로 쓰며
어둡다에서 이른 아침으로 발전합니다.
물건의 기원起源으로 생각할 수 있습니다.
따라서 '이를 조루'는 하루 시간의 시작입니다.

셋째, 풀 초草 자의 옛 모양입니다.
약간 억지스럽지만 글자의 꼴이 비슷합니다.
풀숲 우거진 지평선 저쪽에서
해가 솟아오르는 아침을 나타내고 있습니다.
나중에 초草를 줄여 갑甲으로 만들었습니다.
나의 둘째 '갑용설甲用說'보다는 좀 낫지요?

넷째, 초일설草日說에서 발전을 거듭합니다.
풀숲 속에 날 일日을 부수로 하여
해가 없어진 것을 없을 막莫 자로 쓰고
가림막幕 아래로 해가 숨는다 하여
막幕에서 가림巾 대신 태양日을 감추어
저물 모暮 자로 쓰게 되었습니다.
뿐만아니라 묘지 묘墓 자는
햇빛이 비추지 않는 땅土, 명부墓로 본 것입니다.

끝으로 역시 내가 잘 쓰는 '시간의 설'이 있습니다.
'이를 조루'와 '아침 단므'은 자매간입니다.
지평선一 위로 해日가 솟음므이 언니이고
돋은 해日에서 햇살十이 쏟아짐이 동생입니다.
이를 조루는 열十 살日 미만의 어린이입니다.
따라서 조실부모早失父母란 용어에는
열 살 미만에 부모님이 다 돌아가신 경우지요.
양친 중 한쪽이라도 살아계신다거나
10대를 넘긴 뒤 양친이 다 돌아가신 경우
일단은 '조실부모'라고 표현할 수는 없습니다.

담긴 뜻은 이르다, 앞서거나 빠르다, 서두르다, 젊다, 일찍
서둘러, 급히, 빨리, 젊어서, 젊었을 때
새벽, 이른 아침입니다.
관련된 한자로는 빠를 첩/이길 첩/꽂을 삽捷을 비롯하여
빠를 숙/깊고 맑을 숙潚, 민첩할 민敏, 빠를 신迅
빠를 괄/맞을 적适, 빠를 속速, 늦을 만晩,
풀 초草 자가 있습니다.

0768 마를 조 凋

凋

시들 조凋라고도 새깁니다.
이수변 冫에 두루 주周를 쓴 꼴소리 문자입니다.
고드름 얼음의 뜻을 지닌 이수변 冫부수와
소릿값 두루 주周 가 합하여 이루어졌습니다.
다시 말해서 가을은 금기金氣의 시작입니다.
8월 초에 든 선가을立秋 전만 하더라도
습기가 높은 방은 질퍽하게 물방울이 맺히지만
광복절이 지나고 배웅쉼末伏이 지나면
여름내 선풍기 수십 대로 말리던 습기를
단번에 다 가져가 버립니다.

시든다든가 마른다든가 하는 것은
공기 중 수분이 그다지 넉넉지 않은 데다가
공급할 수분이 액체가 기화하는 것은 모르나
얼음氷=冫덩어리로 고체화되면
나무에게 수분을 제대로 공급해주지 못합니다.

비파나무도 오동나무도 다 활엽수인데
비파나무에 비해 오동나무는 덩치가 크지요.
이런 큰 활엽수가 겨우내내 잎이 푸르게 되면
수분 공급도 문제지만 눈 무게를 이기지 못합니다

오동나무는 스스로를 절약 체계로 들어갑니다.
나뭇잎을 일찍 떨구어 제 이부자리를 삼고
잎에 가렸던 햇빛을 듬뿍 받아들입니다.
참 멋진 나무입니다.
소리의 전달에 강한 예술성이 있어서
오동나무로 악기를 만들어 소리문화를 넓힙니다.
비파나무가 만병통치약이라고 한다면
오동나무는 떡안반을 제외하고는
가구면 가구, 악기면 악기, 바리때면 바리때
사각나무 상자면 상자, 심지어 관까지
어떤 곳에서도 사랑을 받는 게 오동나무입니다.

그래서 옛날 어느 고관대작高官大爵이
온갖 비리로 결국 파직을 당해 귀양을 가면서
오동나무의 '이른 낙엽의 원리'를 배웠더라면
내가 이렇게 되지는 않았을 텐데라 했다지요.
높은 자리에 더 오래 있고 싶으니

윗사람에게는 더 많이 비벼야 하고
아랫사람에게는 더 많이 챙겨야 했으니까요

담긴 뜻은 시들다, 이울다, 느른하다
맥이 풀리거나 고단하여 몹시 기운이 없다, 여위다
슬퍼하다, 아파하다, 새기다 따위며, 관련된 자로는
시들 위萎, 시들 언蔫, 시들 원蒝, 시들 사渣, 시들 유燸
시들 이荎, 시들 점點, 占, 夷, 말라 시들 읍薗
시들어 죽을 의殪 자가 있습니다.

<193>
진陳근根위委예瞖

낙落엽葉표飄요飆

0769 **베풀 진** 陳

0770 **뿌리 근** 根

0771 **맡길 위** 委

0772 **일산 예** 瞖

고목뿌리 시드는것 자연이듯이
낙엽지고 나부낌도 자연이로다

"네 이름이 무엇이냐?"

"네, 큰스님. 전주이씨에 이름이 진균이예요."

60을 바라보시는 초로의 큰스님께서

안경 너머로 나를 뚫어지게 보시더니

"어서 많이 들어 본 이름이구나."

나는 바로 말을 받았습니다.

"철수나 영희도 아니고 그러실 리가요?"

"아니야, 어서 많이 들어본 것 같아."

큰스님 앞에서 감히 히죽거리며 말했습니다.

"혹시 《千字文》에 나오는 진근위옌인가요?"

큰스님께서 파안대소하시면서

"그렇구나! 《千字文》에 그런 발음이 있지

그렇다면 네가 《千字文》을 읽었더냐?"

"그럴 리가 있겠습니까. 큰스님. 바로 아뢰겠습니다.

저는 《千字文》이 아닌 《千慈門》을 읽었습니다."

"그건 또 무슨 뜻이더냐?"

"귀한 사람이 어찌 책을 읽겠습니까?

책이 바로 그 소중한 사람을 읽어야지요?"

"책이 소중한 사람을 읽는다?"

"네 큰스님, 저는 오늘 큰스님의 법문에서

일천 사랑의 문 千慈門이 활짝 열림을 보았습니다"

처음으로 절에 발을 디딘 때가 23살 때고
그날은 마침 2월 보름으로 열반재일이었지요.
강원도 원주시를 병풍처럼 두른
치악산 까치 보은의 전설이 깃든 치악산에서
정각 10시에 시작한 구룡사 법회가
오후 1시를 훌쩍 넘긴 뒤 점심공양을 했으니
장장 3시간에 걸친 긴 법회였습니다.
큰스님은 부처님의 열반을 말씀하셨습니다.
부처님은 대열반에 드심으로써
마침내 온전한 수행을 완성하셨습니다.
맛있는 점심공양을 막 끝내는데
태허 박종영 큰스님께서 나를 부르셨지요.

"공양 끝나면 내 방으로 오너라."
나는 곧바로 큰스님을 찾았고
정중하게 큰절로 삼배를 올렸습니다.
그리고 《천자문》 얘기까지 진도가 나갔지요.
"뭐라, 책이 사람을 읽어야지
사람이 책을 읽을 수는 없다고?
게다가 일천 사랑의 문 곧 《千慈門》이 열렸다고?"
큰스님과의 인연은 그리 시작되었고
다섯 달 뒤 내 인연 길은 해인사로 향했습니다.

해인사에서 나는 바야흐로 내 인생의 스승을 만났습니다.
대한불교조계종정을 3번에 걸쳐 맡으셨고
'자비제일'로 일컬어지던 고암 큰스님이십니다.
옛 고古 자에 바위 암巖, 암岩 자를 쓰셨고
때로 암자 암庵, 암자 암菴을 쓰셨습니다.
가끔은 환산歡山이란 호를 쓰셨고요.
인연은 참으로 묘합니다.
헤어지는 인연도 묘하고
만나는 인연도 묘합니다.

0769 베풀 진陳

베풀 진, 묵을 진으로 새기며
좌부변阝에 꼴形소리聲 문자입니다.
대표적인 뜻으로는 베풀고
일을 차리어 벌이는 일이며
남을 도와주어서 혜택을 받게 함입니다.
언덕의 뜻을 지닌 좌부변阝과

나무 목木 자가 가운데 있으며
소릿값의 펼 신申으로 이루어졌습니다.
그러니까 베풀 진陳 자에는
좌부변阝 나무 목木, 펼 신申 3자의 만남입니다.
따라서 이 글자는 언덕을 뜻하는 변보다
소릿값에 의미가 들어있습니다.
이 펼 신申 자는 번개電였습니다.
번개는 하늘을 가르며 퍼져나갑니다.
엄청난 굉음轟音, 宏音을 동반하면서 말입니다.

이 번개가 진공의 우주에서 치면
굉음의 천둥소리가 있을까요.
진공에서는 천둥은 물론 번개조차 없습니다.
진공에는 공기가 없는 까닭입니다.
가령 핵폭탄이 진공의 우주에서 터진다면
버섯구름이 일어날 수 있을까요.
으레 일어나지 않습니다.
진공은 고장불명孤掌不鳴의 세계입니다.
하나의 손바닥으로는 소리가 나지 않습니다.
산소가 있고 수소가 있고 질소가 있어야
핵은 마찰력을 역으로 이용해 퍼져나갑니다.
그러나 한편 오히려 진공이기에

저항을 받지 않는 핵의 폭발력은
끊임없이 퍼져나갈 수도 있습니다.

베풀 진陳의 뜻은 오른쪽 동녘 동東 자의 거듭 신
아홉째 지지 신/펼 신申 자에 있습니다.
담긴 뜻은 베풀다, 묶다, 늘어놓다, 늘어서다, 말하다
많다, 조사하다, 펴다, 나라의 이름, 왕조 이름
방비, 진법, 성씨 따위입니다.
관련된 한자로 베풀 진敶,陳,連,陈 자가 있고
진 칠 둔/어려울 준屯, 베풀 장張, 베풀 시/옮길 이施
베풀 설設 자 따위가 있습니다.

0770 뿌리 근根

뿌리 근根은 나무목변木의 꼴소리 문자입니다.
나무의 뜻을 지닌 나무 목木 부수와
소릿값 '괘이름 간艮'이 만나 이루어졌습니다.
괘이름 간艮 자는 괘이름 간 외에

그칠 간, 은 은艮, 끝 흔艮으로 새기기도 합니다.
지금은 쇠금변金에 은 은艮을 붙여
은 은銀 자로 읽지만
간艮의 소릿값이 은艮이었습니다.
뿌리 근根 자에 담긴 뜻으로는
뿌리, 근본, 밑동, 능력, 마음, 생식기
부스럼 속에서 곪아 단단하여진 망울, 뿌리 박다
뿌리를 내리다, 근거하다, 기인하다
뿌리째 뽑아 없애다 따위입니다.

또 근根이란 터基를 나타내는 말이며,
방정식을 실제로 성립시키기 위해
미지수가 차지하는 수치를 뜻하기도 합니다.
승근乘根the root으로서 '거듭제곱근'이지요.
곧 a를 n번 곱하여 c가 되었을 때
c에 대한 a의 일컬음입니다.
승근乘根 얘기가 나온 김에 더 말씀드리면
여기에는 이승근二乘根a square root
삼승근三乘根a cube root
사승근四乘根a biquadratic root
자승근自乘根a square root 등이 있습니다.

이승근과 자승근은 같은 논리지만
자승근은 우리말로 제곱근이라 합니다.
이승근과 아울러 자승근은
어떤 수 a를 두 번 곱하여 x가 되었을 때
a를 x에 대하여 이르는 말입니다.
삼승근은 우리말로 '세제곱근'입니다.
어떤 수 a를 세 번 곱하여 x가 되었을 때
a를 x에 대하여 이르는 말이지요.
사승근은 우리말로 '네제곱근'인데
a를 4제곱하여 b가 될 때 b에 대한 a를 일컫습니다.

근根은 어떤 작용作用을 일으키는 센 힘이며
육근六根의 원기元氣를 가리키는데
육근은 눈, 귀, 코, 혀, 몸, 뜻이지요
마음의 창문인 눈을 어떻게 여닫을 것이고
귀는 어떻게 열어 두며
코는 어떤 냄새를 따라갈 것이고
입은 어떤 음식을 찾고
어떤 언어를 구사하며 어떻게 침묵할까를 생각합니다.

몸가짐은 어떻게 가질 것인지 생각할 일입니다.
얼마나 재고 얼마나 무겁게 가질 것이며

생각은 어디에 어떻게 두고
어떻게 열 것인지를
곰곰이 생각하고 또 생각할 것입니다.
나는 늘 얘기합니다.
"백 권의 책을 읽기보다 한 번 깊이 생각하라."고.

0771 맡길 위委

맡길 위委는 계집 녀女에 뜻모음 문자입니다.
곡식禾 창고 열쇠를 여자女에게 맡긴다는 데서
맡기다委를 뜻하게 되었습니다.
남자가 모든 전권을 휘두르면 가부장적이라 합니다.
지금이 조선시대냐며 얘기합니다.

조선은 고사하고,
그로부터 천 년을 거슬러 올라가
6세기경에 이《천자문》이 만들어졌는데
당시에 곳간禾 열쇠를 안주인女에게 맡긴다는 것은

꼭 옛 문화가 고리타분하지만은 않다는 논리입니다.

담긴 뜻은 맡기다, 맡게 하다, 버리다, 내버려 두다
자세하다, 쌓다, 쌓이다, 의젓하다, 옹용雍容하다
마음이 화락하고 조용하다, 시들다, 쇠퇴하다, 굽다
굽이지다, 끝, 말단, 창고, 곳집, 곳간으로 지은 집
자세히 따위입니다.

0772 일산 예翳

깃 일산 예翳 자는 깃 우羽가 부수입니다.
날개, 날다, 새이름을 지닌 깃우羽 부수와
소릿값 앓는 소리 예殹가 만나 이루어졌습니다.
깃일산日傘은 접는 부채로써
판소리를 하거나 또는 뙤약볕 아래서 빛을 가려주는
의장용으로 쓰기도 했습니다.

앓는 소리 예殹 자 아래에 깃우羽 자를 놓으면

일산 예翳 자가 되고,
술단지 유酉 자를 놓으면 의원 의醫 자가 됩니다.
옛날에는 병이나 상처를 치유医할 때 술酉을 썼습니다.
앓는 소리 예殹는 상자방匚 안에 화살矢이 있고
오른쪽에는 몽둥이 수殳 자가 있는데
몽둥이 수殳 자는 다시 의사几의 손길又로 풀이됩니다.

요즘은 의원 의醫 자를 줄여 씁니다.
일본어에서는 약자略字를 두고
중국어에서는 간체자簡體字를 두었습니다.
게다가 요즘도 매일 많은 한자가 생겨납니다.
새로 생기는 한자는 캘리그라피입니다.
아주 단순하거나 매우 복잡한 글자들입니다.
그림이면서 문자, 문자면서 그림입니다.
담긴 뜻은 그늘, 방패, 가리다, 물리치다, 숨다, 가로막다
멸하다, 말라 죽다, 말라서 죽다, 흐리다 따위입니다.

근래 들어 그토록 괴롭히던 좌골신경통이
수술 하나로 말끔해진 듯싶습니다.
어떤 통증이든 통증은 아픈 자만이 압니다.
'강남우리들병원'에서
나는 외과 수술실에 실려 들어갔습니다.

마취 뒤 수술을 통해 4번과 5번 요추 사이의
신경을 짓누르던 디스크를 제거했습니다.
이제 극심한 아픔의 통증은 사라졌고,
엉덩이도 허벅지도 종아리도 편안합니다.
수술이 끝난 밤부터 새벽까지
나는 기포의 새벽 편지를 써서 띄웠고
어젯밤에도 병상에 누운 채로 글을 썼습니다.

<194>
진陳근根위委예翳
낙落엽葉표飄요颻

0773 떨어질 낙 落

0774 잎사귀 엽 葉

0775 나부낄 표 飄

0776 나부낄 요 颻

고목뿌리 시드는것 자연이듯이
낙엽지고 나부낌도 자연이로다

0773 떨어질 낙 落

떨어질 락, 낙落 자는 초두머리⁺⁺에 꼴소리 문자입니다.
뜻을 지닌 초두머리⁺⁺ 부수와
소릿값 물 이름 낙洛으로 이루어졌습니다.
풀⁺⁺ 잎이 떨어진다는 뜻으로 '떨어지다'입니다.
각각 각各 자는 목적지에 도착함이고
안정되는 일을 가리키고 있습니다.
소릿값인 물이름 낙洛은 시냇물이 아래로 흐름이고
풀의 싹을 뜻하는 초두머리⁺⁺ 부수는
위로 솟아오르는 식물을 나타내고 있습니다.
풀이나 또는 나무의 잎이 떨어지는 데서
떨어지다, 떨어뜨리는 일로 진행됩니다.

담긴 뜻으로는 떨어지다, 떨어뜨리다, 이루다, 준공하다
두르다, 쓸쓸하다, 죽다, 낙엽, 마을, 빗방울
울타리 따위며 관련된 한자로는 떨어질 추墜, 떨어질 타
무너뜨릴 휴墮, 떨어질 운, 둘레 원隕, 떨어질 령, 영 령
종족 이름 련零이 있습니다.

대관절 왜 떨어질까요.
나뭇잎이 어찌하여 떨어질까요.
떨어지지 않고 그냥 붙어 있을 수는 없나요.
물리학 입장에서 본 중력 때문일까요.
나뭇가지와 나뭇잎이 서로 밀어냄은 아닐까요.
반중력反重力의 법칙이 작용하는 것일까요.
밀어내는 힘斥力 때문은 아닐까요.

그렇습니다.
내가 보기에는 척력 때문입니다.
질량을 가진 존재는 모두 중력이 있습니다.
마찬가지로 모든 존재는 또한 척력이 있습니다.
나뭇잎에 중력만 있고 척력이 없다면
표요飄飖! 표요飄飖! 하고 날지 않을 것입니다.
표요는 우리말로 '팔랑팔랑'의 뜻입니다.
나부낀다는 말은 의태어依態語이면서
동시에 의성어依聲語입니다.

사람들은 오르는 것은 다들 좋아하면서
떨어지는 것은 많이들 싫어합니다.
'오르다'와 '내리다'가 곧 상대적 개념인데
왜 '내리다'가 아닌 '떨어지다'로 표현할까요.

아무튼 대자연의 세계에서는
오르든 떨어지든 상관하지 않습니다.
하늘나라에 오르는 것에도 상관없고
지옥에 떨어진다 해도 자연은 무심합니다.
오직 인간만이 지옥과 천당을 갈래짓고
사바세계와 극락세계를 나눌 뿐입니다.

봄이면 햇잎과 꽃을 피우고
여름이면 풀과 나무를 성숙시키고
가을이면 가지로부터 잎새를 밀어내고
겨울이면 하얀 눈으로 이불을 삼아 덮습니다.
역경은 사람을 부유하게 하지는 않지만
지혜롭게 한다는 옛말이 있습니다.
잎사귀를 말끔히 밀어내는 나뭇가지에게도
어쩌면 그런 지혜가 있을지도 모릅니다.

떨어질 낙落 자를 보면서 느낍니다.
풀잎, 나뭇잎落은 풀잎, 나뭇잎으로 돌아가고
풀잎, 나뭇잎과 여름내 함께했던 수분氵은
다시 물의 세계로 돌아갈 것입니다.
돌아가는 도중에 어떤 수분은 기체가 되고
어떤 수분은 액체가 되어 흐를 것이고

어떤 수분은 공기 중을 빙빙 떠돌다
차가운 바람을 만나 고체가 될 것입니다.

어떤 나무는 겨울이 다 가도록
잎새를 떨구지 않는 것들도 있습니다.
계절의 감각을 잃어버린 뒤늦은 夂 잎새들은
봄에 잎을 떨굼과 동시에 꽃봉우리 口를 맺습니다.
낙엽은 가을에만 떨어지는 게 아닙니다.
겨울에도 봄에도 여름에도 잎새는 떨어집니다.

봄에 피는 몇몇 가지 꽃보다
여름에 피는 꽃이 더 많다는 것은 아시는지요.
신록의 계절 5월에 피어나는 잎새보다
삼복더위에 더 많이 우거짐을 아시는지요.
나뭇가지가 잎새를 떨구는 것은
혹독한 대자연에 자신을 노출시킴입니다.
역경 속에서 부유를 기대하기보다
슬기를 익혀가는 것도 좋을 듯합니다.

0774 잎사귀 엽 葉

葉

잎사귀 엽, 땅 이름 섭, 책 접 葉 자는
초두머리⁺⁺의 꼴形소리聲 문자입니다.
뜻을 지닌 초두머리⁺⁺ 부수와
소릿값인 잎사귀 엽枼이 만나 이루어졌습니다.
파자에서 인간 세卋 자는 30년이지만
여기에서는 많은 수를 나타냅니다.
또 나무가 대나무 잎의 모양과 비슷하기에
그렇게 쓰고 있다고 생각됩니다.
잎사귀 엽枼은 나뭇잎이고,
나중에 식물을 나타내는 초두머리⁺⁺를 붙여
잎사귀 엽葉으로 쓰게 되었다고 봅니다.

잎사귀 엽葉 자는 공평합니다.
인간 세卋 자는 여기서는 사람 모습도 아니고
세대generation의 표현도 아닙니다.
그냥 이파리를 표현한 상형 문자입니다.
아래의 나무 목木 자와 만나면

나뭇잎이 되고 위의 초두머리⁺⁺와 만나면 풀잎이 됩니다.

담긴 뜻은 잎, 꽃잎, 시대, 세대, 갈래, 후손, 장
종이를 세는 단위, 닢, 동전 등을 세는 단위, 옷의 넓이
잎처럼 얇은 물건, 책장, 가락, 풀 이름, 손으로 누르다
모으다 따위이며 관련된 한자로는 맞을 협
잎사귀 엽吋, 箓, 나비 접蝶 자 따위입니다.

0775 나부낄 표飄

나부낄 표, 표 표飄 자는
바람 풍風 부수에 꼴소리 문자입니다.
뜻을 지닌 바람 풍風의 부수와
소릿값 표 표票 자가 합하여 이루어졌습니다.
담긴 뜻은 나부끼다, 빠르다, 방랑하다, 떨어지다.
회오리바람, 질풍, 바람 부는 모양이며
관련 한자를 살펴보면 나부낄 표飄, 飄, 飃
나부낄 편翩 자 등이 있습니다.

0776 나부낄 요 飍

飍

불어 오르는 바람 요飍 자는
바람 풍風 부수에 총 19획입니다.
담긴 뜻은 불어 오르는 바람, 질풍, 올려 부는 바람
바람이 높이 부는 모양, 바람에 나부끼는 모양이며
관련된 한자로는 불어 오르는
바람 요飍, 飈 자가 있습니다.
바람風은 어디에서 올까요.
옛사람들은 바람을 신의 조화로 보았습니다.

'기슬지류蟣虱之類'라는 말이 있습니다.
이는 '서캐와 이의 무리'라는 뜻으로
비천하고 보잘것없는 사람을 업신여겨
함부로 일컫는 말입니다.

지금은 이虱와 서캐蟣가 없습니다만
지금으로부터 50년 전만 하더라도
아이들은 물론, 어른들의 속옷 솔기마다

이가 스멀거렸고 서캐와 벼룩도 있었습니다.
심지어는 지루한 전쟁이 이어지면서
미국에서 개발된 백색가루 살충제 DDT를
군인들 머리에 속옷에 뿌렸습니다.

'갑주생기슬甲胄生蟣蝨'이란 말도
어쩌면 이蝨 전쟁에서 나왔을 것입니다.
갑옷甲과 투구胄 속에 서캐蟣와 이蝨가 꾄다는 말입니다.
서캐와 벼룩蚤과 이虱, 蝨가 아무리 작더라도
바로 바람을 일으킨다는 것입니다.
바람 풍風 자와 이 슬虱 자가 비슷한 까닭은
이虱가 바람風을 일으킨다고 본 것입니다.
이 슬虱 자는 삐침丿이 생략된 바람 풍風인데,
서캐 기蟣 자는 바람 풍風 자와
단 한 곳도 닮은 구석이라고는 없습니다.

그런데 왜 이虱와 함께
서캐蟣가 바람風을 일으키느냐고 할 것입니다.
그런데 재미있는 것은 서캐 기蟣의 간체자인
서캐 기虮 자에 '궤석 궤几' 자가 붙어있습니다.
궤석 궤几는 바람 풍几 자의 약자几와 같습니다.
따라서 이와 서캐가 바람을 일으키는 것이지요.

신기루蜃氣樓Mirage라는 말이 있습니다.
신기루는 바다에 사는 큰 조개蜃가
기운氣을 내뿜어 만들어내는 세상樓이라 본 것입니다.
물론 이는 옛날 사람이 생각해낸 것이고
오늘날 과학적으로 증명된 것은 아닙니다.

실제의 위치가 아닌 위치에서
어떤 물체가 보이는 현상을 말하는 것인데
불안정한 대기층에서 빛이 굴절하면서 생기는 것이지요.
사막이나 극지방의 바다처럼
바닥면과 대기의 온도차가 큰 곳에서는
쉽게 관찰할 수 있는 현상 중 하나일 것입니다.
프랑스의 전투기에 여기에서 이름을 따 온
이른바 미라지mirage蜃氣樓가 있습니다.

실제로 사막을 여행하는 여행자들 중에는
신기루를 오아시스로 착각하여 쫓아가다가
찾지 못하고 죽는 경우도 많다고 합니다.
바로 이런 이유로 '획득하기 불가능한 목표'
혹은 '실존하지 않는 환상'을 이루기 위해
방황하다가 파멸하는 경우를 두고

우리는 '신기루만 좇는다' 표현하기도 합니다.

신기루는 우리나라에서도 볼 수 있습니다.
습도가 높고 푹푹 찌는 한여름 더운 날
아스팔트 도로 위에서 차를 운전하다 보면
도로에 마치 물이 쏟아진 듯한 현상이 보입니다.
이것이 《금강경》 말미에서 말씀하신
몽환포영夢幻泡影 중 환幻에 해당하는 신기루입니다.

중국에서는 하늘에 신기루가 나타나기도 했습니다.
대기의 온도차 때문에 생겨난 현상인데
바닷가나 사막도 아니고 하늘에서니까요.
하늘은 높이에 따라 기온차가 심하지만
물리학 입장에서 살펴보면 생길 수가 없습니다.
정말 보기 드문 현상이라고 할 수 있습니다.

다시 한번 정리하면 신기루蜃氣樓는
바다 위나 사막에서 빛이
밀도密度가 다른 공기층을 통과하면서
굴절하면서 생기는 현상을 말합니다.
빛이 굴절한다고요?
그렇습니다.

본디 빛은 직진성이지만
바다나 호수 유리는 통과하되
그 대신 굴절현상을 일으키면서 통과하지요.
그리하여 엉뚱한 곳에 물이 있는 것처럼 보인다거나
수평선 너머의 불빛이 보이기도 합니다.
아직은 아니나 곧 단풍이 들겠지요.
단풍이 들고 지고 나면
잎새는 점차 마르고 땅으로 떨어질 것입니다.
사랑도 한창때는 고운 단풍이겠지만
시들면 마른 잎새가 되어 떨어질 것입니다.
나뭇잎은 떨어지고 싶지 않으나
나뭇가지가 밀어낼 것입니다.
이 또한 '가을 단풍의 사랑의 법칙'입니다.

<195>
유游곤鵾독獨운運
능凌마摩강絳소霄

0777 **노닐 유** 游

0778 **곤새 곤** 鵾

0779 **홀로 독** 獨

0780 **옮길 운** 運

자유로이 노는곤새 천하가제것
붉은하늘 마음대로 누비고있네

0777 노닐 유 游

游

책받침辶의 놀 유遊 자가 본자이고
삼수변氵의 놀 유游 자는 같은 자입니다.
유游든 유遊든 다 꼴소리 문자입니다.
쉬엄쉬엄 가다의 뜻을 지닌 책받침辶부와
소릿값의 깃발 유斿가 합하여 이루어졌습니다.

깃발 유斿는 기가 펄럭이는 모습이고
물건이 흐르는 모양을 나타냅니다.
물이 아니라 물건이 흐른다고요.
흐르는 물 위에 뜬 물건은 흐르는 모습游이지요
그리하여 물 위를 흘러가다, 물속을 헤엄치다
어슬렁어슬렁 산책하다
이리저리 나다니며 노닐다의 뜻을 지니게 되었습니다.

놀 유, 노닐 유游 자에 담긴 뜻은 놀다, 즐기다, 떠돌다
여행하다, 유람하다, 사귀다, 배우다, 공부하다, 사관하다
벼슬살이하다, 유세遊說하다 등과 이름씨로 놀이

유원지, 벗, 친구, 유세, 까닭, 이유 따위가 있습니다.
관련된 한자로는 놀 유遊, 迂, 遊
헤엄칠 유/깃발 류游, 游,
희롱할 희/탄식할 호戲 자가 있습니다.
'놀다'가 움직씨의 기본형이지요.

사람이 노는 것은 태내에서 시작되었습니다.
찰랑찰랑한 엄마의 태중 양수羊水에서
마음껏 헤엄치고 놀았습니다.
수태되어 자궁에 착상하는 순간부터
생명의 모든 단계를 하나하나 거쳤습니다.
헤엄에 자유로운 물고기의 단계를 거치고
물과 뭍에서 마음대로 살 수 있는
양서류兩棲類Amphibia를 거치면서
물에서 노는 방법을 제대로 배웠습니다.

영어의 놀다Play에
헤엄의 뜻이 있는지 모르나
한자의 '놀다游戲'에서는 헤엄이 나옵니다.
물놀이가 놀이의 시초였습니다.
가령 갓 태어난 어린 아기를
모태의 양수와 같은 온도의 물에 넣어주면

그 어린 아기는 마음껏 첨벙대며 놉니다.
태내에 있는 동안 익혔기 때문입니다.
아기가 태어나 몸을 뒤집게 되면
엎드리자마자 두 팔 두 다리를 움직이되
헤엄치는 모습과 동일하게 움직입니다.

첫돌이 가까워 일어서게 되면서
아기는 점차 헤엄치는 동작으로부터 멀어지고
비로소 양서류의 모습을 탈피합니다.
물론 나중에 성장해서 수영하게 될 때는
헤엄치는 동작을 그대로 재현하겠지만
아무튼 놀이의 세계가 달라지게 됩니다.

여기서 내가 하고 싶은 말은 놀 유游 자입니다.
놀 유游 자는 '헤엄칠 수氵' 자와
'깃발 펄럭일 언㫃' 자가 만나 이루어졌습니다.
태내에서는 아기子로서 열심히 헤엄氵치고
태어난 뒤에는 깃발方을 놓고 겨룹니다.

곧 태내에서는 유영Swimming일 뿐이었으나
태어나서는 남과 겨루기Game를 즐기는 것입니다.
대승불교의 가장 화려하고 가장 아름다운 꽃

《묘법연화경妙法蓮華經》〈보문품普門品〉에서
부처님은 이렇게 말씀하십니다.
"관세음보살이 사바세계에 노니실 때~"라 하여
'유어사바세계游於娑婆世界'를 강조하십니다.
관세음보살은 중생을 교화하러 몸을 나투되
교화한다는 생각을 담아두지 않습니다.
그냥 사바세계에 놀러 오신 것입니다.

수영을 필요로 하는 이에게는
함께 어울리며 수영을 가르쳐 주시고
그림을 그리고 싶은 사람에게는
그림 그리는 법을 함께 지도해 주시고
가수가 되고픈 사람에게는 발성과 화성
곡 읽는 법을 가르치시고
캘리그라피를 배우고 싶은 이에게는
캘리그라피의 예술성을 지도해 주십니다.
중요한 것은 함께 놀면서 가르치는 것입니다.
이것이 곧 놀이며 그대로 교화입니다.

0778 곤새 곤鵾

鵾

곤이 곤鯤 자는 흔한 글자가 아닙니다.
물고기어변魚의 꼴形소리聲 문자입니다.
뜻을 나타내는 물고기 어魚 자와
소릿값 맏 곤昆이 합하여 이루어졌습니다.
맏 곤昆은 벌레 곤, 뒤섞일 혼으로도 새깁니다.
곤이鯤鮞 는 물고기 뱃속의 알이고
곤어鯀魚 는 상상 속의 큰 물고기지요.

고전《쭈앙즈莊子》〈소요편逍遙篇〉에 나오는
상상의 큰 물고기로서
크기가 몇천 리나 되는지 모른다고 합니다.
내 기억으로 어릴 적 읽은《천자문》에는
분명 물고기어변魚에 맏 곤昆 자를 쓴
곤이 곤鯤 자가 아니었습니다.
새조변鳥에 맏 곤昆을 쓴 곤새 곤鵾 자였습니다.

곤새란 상상 속 동물로서 멧닭입니다.

댓닭은 때로 학을 닮고
때로 닭을 닮았는데 학보다 크고 닭보다 큰 새였습니다.
여기서 닭을 얘기할 때는 곧 수탉입니다.

곤어와 곤새는 다릅니다.
곤어는 바다에 사는 물고기류이고
곤새는 하늘을 나는 조류입니다.
곤어는 물고기이므로 비늘이 있지만
곤새는 새이므로 깃이 있습니다.
그러나 곤어든 곤새든 실제 동물이 아니라
고대로부터 상상 속의 동물일 뿐이었습니다.
내가 권해드리고픈 책이 있는데
중국의 고전《쭈앙즈莊子》입니다.
이 책을 읽노라면 곤어 곤새는 물론이려니와
붕새鵬에 대한 기록도 함께 얻을 것입니다.

0779 홀로 독 獨

獨

홀로 독獨 자는 외로울 고孤 자와 함께
요즘도 가장 많이 쓰이는 글자입니다.
홀로 독獨은 개사슴록변犭 꼴소리 문자입니다.
뜻을 지닌 개사슴록변犭, 犬 부수와
소릿값 나라 이름 촉蜀이 만나 이루어졌습니다.
나라 이름 촉蜀은 동물 이름이기도 합니다.
파충류 가운데 뱀과 닮은 동물이라고도 하고
포유류 가운데 너구리를 닮았다고도 하며
족제비를 닮은 동물이라고도 합니다.
개犬와 만나면 끊임없이 싸우는 까닭에
한 마리씩 떼어 놓는다는 데서
'홀로'를 뜻하게 되었다고 합니다.
홀로 독獨 자에 담긴 뜻으로는 홀로, 혼자, 어찌, 다만
오직, 장차, 어느, 그, 홀몸, 홀어미, 외로운 사람
외발 사람, 월형刖刑 곧 발꿈치를 베는 형벌을 받은 사람
외롭다, 전단하다, 독재하다, 개가 싸우다
혼자 마음대로 결정하고 단행하다 따위며

또는 다른 말 위에 붙어서
'혼자' '홀로'의 뜻을 나타내는 말입니다.
성씨의 하나며, 독일獨逸Germany을 뜻합니다.

관련 한자로는 개가 성난 모양 패, 홀로 독狾
홀로 독 간체자가 있으며独, 홑 단, 오랑캐 이름 선單
외로울 고孤, 무리 속, 이을 촉屬, 흐릴 탁濁, 촛불 촉燭
나라 이름 촉蜀, 닿을 촉觸 자 따위입니다.

나는 홀로 독獨 자를 달리 파자합니다.
홀로 독獨 자에서 개사슴록 犭 은 개입니다.
밤을 지키고 주인을 지키는 개입니다.
홀로 사는 여인이기에 개가 밤을 지키고
홀로 사는 주인이기에 개가 지킵니다.
이 홀로 독獨 자에서 개犭를 떼고
개犭 대신 촛불火을 놓으면 촛불 촉燭입니다.
동방화촉洞房華燭이고 화촉동방입니다.

부인의 방에 촛불이 아름답게 비친다는 뜻으로
신랑이 신부 방에서 첫날밤을 지내는 일입니다.
결혼식 날 밤을 가리키는 말이 동방화촉이며
혼례를 가리키는 말이 동방화촉입니다.

그리고 첫날밤을 지내는 방이 화촉동방이지요.

따라서 짝꿍 없이 홀로 사는 이가 독獨입니다.
이에 견주에 외로울 고孤 자는 다릅니다.
외로울 고孤는 아들자변子에 외 과瓜입니다.
나이가 들어 자식이 없는 이가 고孤요.
어려서 양친兩親이 없는 이가 고孤입니다.
홀로 독獨이 짝에 대한 외로움이라면
외로울 고孤는 부모와 자녀의 결손입니다.
홀로 독獨의 개犭가 촛불火로 바뀌어
촛불 촉燭 자가 된 것은 앞서 이해하였으나
외로울 고孤 자의 외 과瓜 자는 어째서일까요.
왜 채소의 하나인 외를 놓은 것입니까.
나이가 들어 등을 긁어줄 자녀가 없고
어려서 오이를 함께 먹을 부모가 없습니다.
겉이 오톨도톨한 오이는 등긁이로 제격이지요.
외 과瓜와 손톱 조爪는 닮은꼴입니다.
따라서 등 긁어주는 자녀가 없고
손자가 없음이 곧 노인의 외로움입니다.

0780 옮길 운, 돌 운, 운전할 운 運

옮길 운, 돌 운 運 자는 끝소리 문자입니다.
쉬엄쉬엄 가다의 책받침 辶 부수와
소릿값 군사 군 軍 자가 만나 이루어졌습니다.
군 軍 자는 병사가 전차 戰車를 둘러싼 모양입니다.
그리하여 둘러싸다, 빙빙 돌다, 움직이게 하다
운반하는 일의 뜻으로 쓰이게 되었습니다.

이 옮길 운, 돌 운, 운전할 운 運 자에 담긴 뜻은
옮기다, 움직이다, 돌다, 나르다, 운반하다, 궁리하다
쓰다, 운용하다, 휘두르다, 가지고 놀다, 배를 젓다
어지럽다, 멀리까지 미치다
영향이나 작용 따위가 대상에 가하여지다, 돌리다
회전하다, 가다, 보내다, 운전하다 등
움직씨와 운運, 운수運數, 세로, 남북南北의 거리, 햇무리
일훈日暈, 해 둘레에 둥글게 나타나는 빛깔 있는 테두리
천체天體의 궤도軌道, 오행五行의 유전流轉, 운명運命
운하運河, 운반, 운송 등 이름씨가 들어 있습니다.

운運이라 하면 많은 분들은 생각합니다.
위의 23가지 의미 중에서
운은 무엇이고, 운수는 어떤 것이며
운명이란 과연 무엇일까? 하고요.
한 마디로 운명의 운運은 '돌 운運'입니다.
옮길 운運이든 운전할 운運이든
의미는 비슷합니다.

자신의 운명Destiny은 스스로 운전하며
스스로 옮기며, 스스로 돌리며
스스로 굴려가는 것입니다.
운運에 대해 할 말은 많은 듯싶으나
다시 보면 아무런 할 말이 없습니다.
운명은 단정지을 수 없는 까닭입니다.

<196>
유游곤鵾독獨운運
능凌마摩강絳소霄

0781 **업신여길 능** 凌

0782 **만질 마** 摩

0783 **붉을 강** 絳

0784 **하늘 소** 霄

자유로이 노는곤새 천하가제것
붉은하늘 마음대로 누비고있네

이 글은《莊子》〈소요편〉을 읽어야
제대로 이해가 될 수 있는 대목입니다.
앞 글에서는 곤이와 곤새에 대해
어떤《千字文》에는 곤새 곤鵾으로 나오고
또 다른《千字文》에는 곤이 곤鯤으로 나온다 했습니다.
사실 알고 보면 곤이가 전신前身이고
곤새는 나중에 몸을 바꾼 변화신後身입니다.
불교에서나 얘기하는 소위 화신설化身說이
중국 고전《莊子》에도 나온다고요?

대승불교의 연꽃《묘법연화경 妙法蓮華經》에서는
8살배기 용녀龍女가 남자의 몸으로 변신하고
변신과 동시에 성불한다는 내용이 있습니다.
왜 용녀 그대로는 성불하지 못했을까요.
경전에 '여인의 몸으로 성불할 수 없다'는
부처님 말씀을 어기지 않은 채
그대로 변성성불變性成佛한 셈입니다.

한때는 트랜스젠더a transgender가
우리 사회에 나름대로 이슈가 된 적이 있습니다.
트랜스젠더 하리수가 앞길을 인도했지요.
불교경전에는 여자가 남자로 성전환을 했는데

현실에서는 남자가 여자로 성을 바꿨습니다.
그러고 보면 성불이라는 주제를 떠나서
부처님 당시에도 성전환을 많이 했다고 봅니다.
그도 그럴 것이 사람은 생각하는 존재이고
생각하다 보니 성을 바꾸고 싶기도 했겠지요.

아무튼 이 대목을 놓고 사람들은 얘기합니다.
부처님은 '성차별론자' 라고 말입니다.
결론부터 얘기하면 성차별론자가 아니십니다.
이에 대한 내용은 학위논문을 쓸 정도로 할 얘기가 많아
여기서는 생략합니다.

아무튼 《쭈앙즈》에서는 얘기합니다.
곤이鯤鮞란 물고기가 있는데
그 크기를 가늠할 수 없다고 말입니다.
이 곤이가 바닷물 밖으로 솟구쳐오르면서
눈깜짝할 새瞬息間에 곤새로 변신합니다.
마치 BMW 스포츠카가
단추 하나로 순식간에 로봇으로 변신하듯이 말입니다.
곤이는 곤새가 되어 하늘을 날읍니다.
하늘을 난다기보다 하늘을 마음껏 희롱합니다.
곤새가 날개를 펴면 하늘을 가리고

한 번 날갯짓을 하면 삼천리를 날아갑니다.
이토록 엄청난 곤새, 붕새의 세계를
지상에 있는 떼까치들이 어찌 알겠습니까?
물고기의 크기와 그의 엄청난 힘
곤새의 크기와 그 날갯짓에서 느껴오는 엄청난 힘이
대충이라도 짐작이 가겠는지요.

나는 곤새를 생각하며 망상삼매에 듭니다.
그 큰 날개로 하늘 위를 소요할 때
그의 위치 에너지의 범위는 얼마일 것이며,
그가 젓는 날갯짓의 운동 에너지는 얼마일까요.
아무리 생각해도 답이 나오지 않습니다.
곤새가 자신의 열량을 유지하기 위해
어떤 영양소를 얼마나 섭취해야 하겠습니까.
날아가는 동안에는 또 어떻게 유지하겠는지요.

여객기가 인천국제공항을 이륙하여
10시간 남짓 날아 두바이국제공항에 내리면
거기서 다시 연료를 주입한 뒤라야
인천국제공항으로 되돌아올 수가 있습니다.
생명을 가진 새도 마찬가지입니다.
한 번 날갯짓에 삼천리를 날아가려면

그 날갯짓 한 번에 들어가는 열량이 엄청나겠지요.
곤이는 트랜스젠더가 아닙니다.

그는 트랜스포머Transformers입니다.
성전환性轉換이 아니라 모습Form의 전환이니까요.
트랜스포머 곤새는 하늘을 희롱하다가
어느 순간에 다시 곤이로 돌아가고
곤이로 헤엄치다가 곤새로 날아오를 것입니다.

인류의 탈 것의 먼 미래를 보는 듯합니다.
상어 형태로 바닷속을 달리던 탈 것이
바다 위로 모습을 드러내면서
배로 자동차로 물 위를 달릴 것입니다.
그리고 양력을 이용하여
바다 위로 날아올라 날개를 펴면서
비행기 모습으로 변신합니다.
머잖아 인류가 가져올 교통수단의 세계를
저《莊子》에서는 수천 년 전에 보여주고 있습니다

0781 업신여길 능 凌

凌

능멸할 릉, 능, 얼음 릉, 능凌으로도 새기며
꼴形소리聲 문자입니다.
삼수변氵의 달릴 능淩과 통하는 글자로
고드름, 얼음의 뜻을 지닌 이수변冫과
소릿값인 언덕 능夌이 합하여 이루어졌습니다.

이 업신여길 능凌 자에 담긴 뜻은
업신여기다, 심하다, 정도가 지나치다, 범하다, 얼음, 곳간
떨다, 건너다 따위가 있습니다.
언덕 능, 릉夌 자를 소재로 한
다양한 '능'자 제품들이 꽤 있습니다.
여기에 약자와 간체자는 진열하지 않았습니다.
32글자인데 나는 관음의 32응신이 보입니다.
그리고 '능' 자는 '릉' 자로도 읽습니다.

나는 능夌 자를 익힐 때 토인비를 생각했습니다.
토인비(1889~1975)라면 역사가지요.

역사가 토인비와 능夌 자가 무슨 관계냐고요?
능夌 자는 흙 토土, 어진사람 인儿에
빗자루처럼 생긴 뒤져올 치夂를 썼습니다.
그래서 토인비土儿夂를 생각했습니다.

내가 토인비 얘기를 했더니
한 후배가 내게 이렇게 말했습니다.
"선배 스님, 제가 보기에는 이는 억지입니다.
토인비가 아니라 토팔치土八夂입니다."
"그런가? 자네 말도 일리가 있구먼. 허허"

우리는 그래서 한바탕 껄껄껄 웃었습니다.
나도 한문이 거저 익혀진 것은 아닙니다.
나름대로 온갖 방법을 동원하여 쓰고
쓰고 또 쓰고 외고, 외고 또 외웠습니다.
모든 언어가 그러하듯
많이 쓰고 읽고 응용하는 것 외에는
뾰족한 수가 없습니다.
관련된 한자로는 업신여길 모侮
업신여길 멸蔑 등이 있습니다.

0782 만질 마 摩

摩

문지를 마, 갈 마摩로도 새기며
손수변手에 끌소리 문자입니다.
뜻을 지닌 손수手 부수部首와
소릿값의 삼 마麻가 합하여 이루어졌습니다.
이 만질 마摩에 담긴 뜻으로는
문지르다, 갈다, 비비다, 연마하다, 접근하다
닦아서 곱게 하다, 쓰다듬다, 어루만지다, 줄다, 소멸하다
닳아 없어지다, 가까이 가다, 닿다, 스치다, 새롭게 하다
갈무리하다, 물건 따위를 잘 정리하거나 간수하다
감추다, 고치다, 헤아리다, 미루어 생각하다, 쾌하다
마음이 유쾌하다, 기분이 좋다 등입니다.
관련된 한자로는 문지를 마擵 자가 있고
문지를 찰擦 자가 있습니다.

0783 붉을 강 絳

진홍 강絳이라고도 새기며 꼴소리 문자입니다.
실타래의 뜻을 지닌 실 사糸 부와
소릿값 내릴 강夅이 합하여 이루어졌습니다.
담긴 뜻은 진홍眞紅, 땅의 이름
강江 이름, 깊게 붉다입니다.
진홍색은 탁한 붉은색입니다.
이에 비해 주홍색은 맑은 붉은색이지요.

옷을 지을 때도 천자는 주홍색을 택하고
제후는 진홍색을 택합니다.
천자는 북을 등지고 남쪽을 향해 앉습니다.
남쪽 하늘의 색깔은 주홍색입니다.
이는 이미 해가 중천에 뜬 까닭입니다.
아침에 여명으로 돋는 동쪽의 하늘은
붉은색이되 진홍색으로 탁한 붉음이며
탁한 붉음은 구름 때문에 생기는 현상입니다.
저물녘 서쪽 하늘에 지는 낙조의 빛깔도

맑은 붉음 곧 주홍색이 아니고
탁한 붉음의 색 곧 진홍색입니다.

트랜스포머 물고기 곤이
곤새로 몸을 바꾸어 하늘을 날 때
그 하늘은 해돋는 아침이며
저녁 무렵 해와 구름이 한데 엉켜
사랑을 나누는 석양의 낙조落照입니다.
이 시간에 하늘 가득 날개를 펴고
붉은 하늘絳霄을 가득히 쓸며
유유하는 곤새의 모습을 상상해 보셨습니까.

조선의 은둔 고승이었던 진묵 조사가
가사 자락을 한 번 휘두르면
곤륜산을 두루 덮고도 남는다 했던가요.
곤새는 날갯짓 한 번에 삼천리를 난다 했는데
거리의 삼천리가 어마어마한 게 아니라
능마凌摩하는 날갯짓이 어마어마하겠지요.
세상 살아가는 스케일이 대단하지 않습니까?

0784 하늘 소霄

하늘 소, 닮을 초霄로도 새기며
비우변雨의 꼴소리 문자입니다.
비가 내린다는 뜻을 지닌 비우雨 부와
소릿값 닮을 초肖가 합하여 이루어졌습니다.
하늘 소霄 자에 담긴 뜻으로는 하늘, 진눈깨비
비가 섞여 내리는 눈, 태양의 곁에 일어나는 운기雲氣
밤, 야간, 구름, 꺼지다, 다 되다, 닮다
비슷하다 등이 있습니다.
관련된 한자로는 하늘 소, 닮을 초 , 하늘 소
닮을 초䨫 자가 있습니다.

우리절 오는 길목에는 능소화가 장관입니다.
물론 지금이 아니고 꽃 피는 계절이지요.
 능소화는 가지를 축축 늘어뜨렸는데
마치 수양버들을 연상하게 합니다.
나는 식물에 대해 문밖 사람門外漢이라
그게 능소화凌霄花인지 뭔지 잘 모릅니다.

우리절을 참배하는 많은 분이 얘기합니다.
"스님, 오면서 보니 능소화가 장관이던데요"
능소화가 있다는 말은 익히 알고들 있으나
곤새가 능소조凌霄鳥라는 말은 잘 모릅니다.

능소화가 필 때 여명을 헤치고 떠오르는
진홍색 붉은 태양에 넋을 잃을 것이며
능소화가 필 때 낙조에 정신을 잃겠습니까.
다들 능소화에 모든 것을 빼앗기고 말겠지요.
능소조凌霄鳥 곤새가 붉은 하늘을 가로지르며
자유로이 유희하는 장면을 상상해 보십시오.
세상을 살려면 이 정도는 되어야 하지 않겠습니까.
쭈앙즈의《莊子》도 아닌《천자문 千子文》에서
곤새 이야기를 하는 저자 저우씽쓰의 생각
과연 그의 생각의 깊이는 어느 정도였을까요.

우리는 아주 사소한 것에 목숨을 겁니다.
길을 가다가 어깨 한 번 부딪친 것 때문에
세상이 온통 자신을 무시했다 여기고
땅 사고 집 사는 데는 거금이 오가면서도
콩나물 한 줌 사면서 덤 없다고 더러 싸우기도 합니다.
세상을 넓은 시야로 바라보는 겁니다.

저우씽스는 어쩌면 〈별이 빛나는 밤〉을 통해
현실과 이상의 세계를 함께 조명하려 했던
네덜란드 화가 빈센트 반고흐처럼
한 편의 《천자문 千字文》으로
자신의 정신세계를 담아내고 싶었을지도 모릅니다.

<197>
탐眈독讀완翫시市
우寓목目낭囊상箱

0785 **즐길 탐** 眈

0786 **읽을 독** 讀

0787 **탐할 완** 翫

0788 **저자 시** 市

책읽기를 좋아하여 서점을찾고
한번보고 기억하니 주머니상자

0785 즐길 탐耽

耽

귀이변耳의 즐길 탐耽 자는 꼴소리 문자입니다.
뜻을 나타내는 귀이耳 부와
소릿값 망설일 유, 나아갈 임尢 자가
서로 만나 이루어진 글자입니다.
우리말 새김은 '유'고 '임'이지만
본 소릿값은 '심' '짐' '침' '탐' 따위입니다.

즐길 탐耽, 노려볼 탐, 머리를 내밀고 볼 침眈, 육장 탐
육장 담醓, 즐길 탐妉, 고깃국 찌끼 탐肬, 젖을 탐湛
물 흐르는 소리 탐煁과 성씨 심, 잠길 침沈, 땅이름 심邥
뱃병 심, 뱃병 잠疨, 대가리뼈 심魫, 정성 심, 정성 침忱
성실할 심, 성실할 우訦 등
이 밖에 '짐' 과 '침'에 대한 글자에도
망설일 유, 나아갈 임尢 자입니다.

게다가 이에 담긴 뜻으로는 즐기다, 즐거워하다, 좋아하다
빠지다, 열중하다, 연구하다, 탐구하다, 노려보다, 처지다

축 늘어지다, 지체하다, 질질 끌다 따위입니다.

듣기는 말하기보다 우선합니다.
아기가 태어나 말을 배우기 시작할 때
엄마의 혀와 입에서 나오는 소리를 듣습니다.
이를 마더텅Mother tongue이라 하지요.
아기에게는 모든 것이 새롭습니다.
엄마를 엄마라 부르는 것도
아빠를 아빠라 부르는 것도
처음 듣는 단어에 대해 놓치지 않고 듣습니다.
아기는 그냥 듣는 수준을 뛰어넘어
온통 그대로 그의 뇌 깊숙이 받아들입니다.
받아들이면서 거르는 것이 없습니다.
엄마가 경상도 억양이면 그대로 받아들여
커서도 경상도 억양 그대로 얘기하듯이
엄마가 전라도 억양이면 역시 그대로 받아들여
성장해서도 전라도 억양을 토해냅니다.

듣기는 말하기에 앞섭니다.
나는 40여 년 전 합천 해인사에 있을 때
대율사 일타스님으로부터 포살을 들었습니다.
일타 큰스님께서 포살布薩을 하실 때는

그의 장엄스런 범음梵音에 도취되곤 했습니다.
나는 큰스님의 음성을 따라 익히곤 했지만
그게 하루아침에 익혀지는 것은 아니었습니다.

그런데 어느 날 일타대율사의 고제였던
혜인 스님의 포살을 들었습니다.
혜인 스님은 나의 2기 선배였지요.
포살하는 자리에 내가 직접 참석한 적은 없으나
동영상을 통해 들려오는 혜인 스님의 범음은
발음 하나하나가 그대로 스승이신
일타 큰스님의 음성이었습니다.
혜인 스님이 법상에 올라 법문을 하면
한마디 한 소절이 고스란히 그의 스승의 음성이었습니다.

제자는 스승의 음성을 닮습니다.
물론 평소 음성은 누구나 개인의 것입니다.
인간이 가장 자유롭고 편안할 때
자기만이 갖는 고유의 세계가 있습니다.
첫째는 입에서 나오는 목소리Voice이고
둘째는 걸음걸이Manner of Walking입니다.
이 2가지는 세계 인구가 70억이라면
70억분의 1로서 오직 그만의 세계입니다.

따라서 우리가 가령 관상觀相을 볼 때,
기본적으로 보는 것이 얼굴이기도 하지만
빼놓을 수 없는 게 목소리요 걸음걸이입니다.
그 밖에 홍채와 정맥도 70억분의 1이니
중요하기는 더없이 중요한 것이나
그렇다고 홍채를 빤히 들여다볼 수도 없고
정맥을 하나하나 살필 수도 없습니다.
목소리와 걸음걸이에 그의 건강이 담겨있듯
홍채와 정맥은 특히 건강을 내포합니다.

아무튼 외형적으로 사람은 듣기에서 시작하지요.
즐길 탐耽 자에 귀 이耳 자가 붙은 것은
엄마의 혓바닥, 곧 '마더텅'을 통해
언어를 고스란히 받아들여 지식을 쌓아가듯
책을 접하고, 책을 펼치고, 책을 읽을 때도
고스란히 받아들이라는 것입니다.

즐긴다는 것은 그래서 깊이尢를 중시합니다.
비록 삼수변氵이 생략되기는 하였으나
즐길 탐耽 자의 소릿값 깊이沈의 세계입니다.
학문의 세계에 깊숙이 젖어드는 맛은
그야말로 최상의 즐거움이지요.

따라서 책에 깊이 빠져 제대로 읽었다면
그때 쓰는 말이 바야흐로 '탐독耽讀'입니다.

0786 읽을 독讀

읽을 독, 구절 두讀, 읽을 독讀은 꼴소리 문자입니다.
약자 읽을 독読 자의 본자本字로서
읽음과 구절 두 뜻을 다 지닌 말씀언言 부와
소릿값 팔 매賣 자가 합하여 이루어졌습니다.
읽을 독讀으로 새길 때 담긴 뜻은 읽다, 이해하다, 세다
계산하다, 구절, 읽기 등이 있으며
구절 두讀로 새길 때 담긴 뜻은 구절, 구두
읽기 편하게 구절에 점 찍는 일, 이두吏頭, 가림토 문자
풍류風流 이름 등이 있습니다.

'읽다讀'라는 움직씨는 '소리 읽음'입니다.
소리없이 읽는 '눈 읽음'이 있는 까닭이지요.
경을 읽을 때도 독경讀經은 소리 읽음이지만

간경看經은 눈 읽음을 우선으로 하고
소리 읽음을 덤으로 합니다.
따라서 간경은 소리를 내어 읽거나
소리 없이 눈으로만 읽거나 모두 포함하지요.

이 《천자문》에서 탐독耽讀의 뜻은
소리를 내어 제대로 음미하며 읽는 것입니다.
나는 200자 원고지 25매~30매 분량의 글을
거의 하루도 쉬지 않고 쓰고 있습니다.
우리들 병원에서 척추수술을 받으면서도
기포의 새벽 편지 《천자문》 강의를
한 번도 거르지 않은 채 써 왔습니다.

글을 쓰고 나면 다음은 교정이 문제입니다.
아무리 좋은 글도 문법에 맞지 않거나
자동사 타동사가 제대로 표현되지 않으면
결코 좋은 글이 될 수 없습니다.
교정을 볼 때 쓴 글을 눈으로 읽었을 경우와
소리를 내어 읽었을 경우
오타의 발견 수치가 다릅니다.
으레 소리내어 읽을 때 오타가 더 잘 드러납니다.
하나 모든 책을 소리내어 읽을 수는 없습니다.

소리를 내어 읽으면 속독할 수가 없지요.

따라서 눈 읽음과 소리 읽음 중에서
어느 것이 더 좋다는 논리는 적용되지 않습니다.
종교적인 경우에서는 소리 읽음을 권하고
학술적인 경우는 눈 읽음을 권하고 싶습니다.
하나 공공의 탈 것 대중교통을 이용하면서
버스에서 전철에서 여객기 안에서
소리내어 불경을 읽고 성서를 읽을 수는 없지요.

0787 탐할 완翫

翫

희롱할 완翫이라고도 새기는데
깃우변羽이 부수며 꼴소리 문자입니다.
희롱할 완忨과 희롱할 완貦은 같은 자입니다.
날개의 뜻을 나타내는 깃우羽 부수와
소릿값 으뜸원元이 합하여 이루어졌습니다.
으뜸 원元은 완전할 완完의 생략형입니다.

탐할 완翫 자에 들어있는 뜻으로는 희롱하다, 장난하다
가지고 놀다, 깔보다, 탐하다, 구경하다, 욕심내다
익히다, 연습하다 등 움직씨가 있고
노리개, 장난감 등 이름씨가 있습니다.

관련된 한자로는 희롱할 완忨, 玩, 貦, 희롱할 롱弄
희롱할 희, 탄식할 호戲, 희롱할 학謔 자 등이 있습니다.
탐할 완翫 자는 한마디로 표현하면
물리도록 익히고 질리도록 익힘입니다.
익힐 습習 자와 으뜸 원元 자를 놓고 보면
익힘習은 날갯짓羽의 시작白입니다.
갓 부화한 새끼 새가 곧바로 날 수는 없습니다.
잠자리나 매미 나비 등 곤충과는 달리
조류는 알에서 깨어난 뒤 깃羽이 자라지요.
깃이 자라기 시작하여 날개가 완전하기까지는
새의 종류에 따라 많은 시간이 필요합니다.

익힐 습習 자가 처음 등장하는 곳은
콩즈의 어록《론위論語》〈쉬에얼피엔學而篇〉입니다.
배우고學 때로 익힘習을 줄여 학습學習이라 하지요.
새끼 새는 날갯짓을 시작하여
하늘을 날 수 있을 때까지 연습을 거듭합니다.

날갯짓翌이 완전元할 때 하늘을 날 수 있듯
책을 읽어耽讀 자신의 이론을 확립하고
시장경제市를 완벽元하게 익혀翌
현실적 삶의 세계를 몸으로 터득할 때
그는 세상 어디에서도 설 수 있을 것입니다.

나는 나의《四四五頌千字文》에서
'책읽기를 좋아하여 서점을 찾고'라 했습니다만
탐독耽讀은 이론적 공부이고
완시翫市는 현실 경험입니다.
탐독은 탐독으로 완전하지 않고
완시는 완시로서 완전하지 않습니다.
만일 세상을 지혜롭게 살아가고자 한다면
탐독과 완시를 조화롭게 만들어가야 합니다.

나는 〈耽讀翫市〉를 이렇게 옮깁니다.
그대여! 책을 읽고자 하는가?
완벽하게 탐독하여 제대로 소화하라.
그대여! 시장경제를 알고 싶은가.
삶을 위한 날갯짓을 마침내 완성하라.

0788 저자 시

市

저자 시market는 수건 건巾 부수지요
오랜만에 뜻모임會意 문자를 만났습니다.
옷巾을 차려입고 장 보러 간다之는 뜻이
저자 시市 자며 '시장'을 뜻하게 되었습니다.

어떤 학자들은 돼지해머리 두亠 자를
금석문자에서 표현한 갈 지之 자로 읽지 않고
남자들이 쓰는 갓亠으로 풀기도 했습니다.
이를테면 갓亠을 쓴 남자들과
치마巾를 두른 여자들이
한자리에 모여서
물건을 거래하고 사고 판다고 본 것입니다.
우리가 꼭 금석문자를 따라갈 필요는 없지만
금석문자는 그 시대의 삶의 모습이었기에
자료로서 참고할 가치가 있습니다.
따라서 나는 2가지 설이 모두 옳다고 여깁니다.

저자 시市 자에 담겨있는 뜻은 이렇습니다.
저자, 상품을 팔고 사는 시장, 시가
인가가 많은 번화한 곳, 장사, 거래, 매매, 값, 가격
벼슬 이름, 행정 구획의 단위, 사다, 팔다, 벌다
돈벌이를 하다 등입니다.
관련된 한자로는 슬갑 불市, 저자 시市, 서울 경京, 도읍 도
못 지都, 고을 읍, 아첨할 압邑 자입니다.

시市에 대한 것을 다시 볼까요.
첫째, 옛말로 저자, 저잣거리, 장마당이며
둘째, 요즘말로 도시요 시가지입니다.
셋째, 시청侍廳으로서 승지承旨 등 벼슬아치가
정청政廳에 나아가 왕을 섬기는 일입니다.
넷째, 지방 행정 구역의 하나입니다.
지방 행정 구역에 대해서는
이미 다들 아는 내용이지만 짚고 넘어갑니다.

여기에는 특별시, 광역시, 시가 있습니다.
특별시, 광역시라니 어떤 시를 말할까요?
인구 100만 이상 도시로서 상급 지방자치단체이고
시는 도시의 형태를 갖춘 인구 5만 이상의 도시로서
도지사의 감독을 받는 지방자치단체입니다.

그런데 이 얘기는 좀 시간이 지난 것 같지 않나요?

그 집행기관으로서는
각기 특별시장 광역시장과 시장이 있습니다.
현재 특별시는 서울 단 1곳이고
광역시는 부산, 대구, 인천, 광주, 대전, 울산이며
제주특별자치도와 세종특별자치시가 있습니다.
이를 광역지방자치단체로 부릅니다.
그냥 시市는 기초지방자치단체로서
8개 도에 75개의 자치시가 있습니다.
그리고 특별시와 6개 광역시에는
모두 69개의 자치구가 있는데
여기서는 시市의 범주를 설명하는 까닭에
자치구나 82개의 자치군은 숫자만 열거할 뿐
구區나 군郡에 대한 설명은 하지 않습니다.

옛말에 "가을비는 멍석도 안 젖는다"더니
먼지도 제대로 적시지 못한 가을비가
하루 종일 오락가락했습니다.
아무래도 단풍 시기를 앞당길 듯 싶습니다.

<198>
탐眈독讀완翫시市
우寓목目낭囊상箱

0789 붙일 우 寓

0790 눈 목 目

0791 주머니 낭 囊

0792 상자 상 箱

책읽기를 좋아하여 서점을찾고
한번보곤 기억하니 주머니상자

아! 드디어 우목낭상寓目囊箱입니다.
내가 《千字文》에서 가장 좋아하는 글입니다.
나는 어려서 《천자문》을 읽을 때마다
이 대목에 이르러서는 먼 하늘을 응시했습니다.
푸른 하늘이 온통 내 안에 들어왔으면 했고
그럴 때마다 나는 먼 산을 바라보면서
높고 푸른 산이 통째로 내 안에 들어오길 바랐습니다.

보름달이 밝으면 밝은 대로 좋았고
초승달이면 초승달대로 마냥 좋았습니다.
꽃 피는 봄이 오면 지천으로
핀 꽃들이 모두 내 안에 들어와
저장되길 바랐습니다.
산과 들을 붉게 물들인
가을의 곱디고운 단풍이
내 안에 들어있는 저장 장치에 들어와
언제든 보고플 때 꺼내볼 수 있었으면 했지요.

50년 전의 이야기입니다만
나는 라디오 연속극을 들으며
귀를 한 번이라도 스쳐간 이야기들이
모두 내 안에 들어와 저장되길 바랐고

FM 라디오에서 흘러나오는 노래를
한 곡도 빠뜨림 없이 다 저장하고 싶었습니다.
한 번이라도 내 눈을 거쳐 간 책의 내용이
오롯이 내 저장 장치에 담기길 바랐습니다.
절에 들어와 부처님 경전을 접하고
옛 선사들의 격 밖의 어록을 읽어가면서
어떻게 하면 이 내용들을 저장할 수 있을까.
부처님의 팔만대장경을 통째로 담아두고
역대종사歷代宗師 천하종사天下宗師의 모든 어록을
내 기억 주머니에 담았다가 필요할 때 꺼내놓고
음미하고 싶었습니다.

난 참으로 욕심이 많은 수행자입니다.
그때마다 떠오르는 게 '우목낭상'이었습니다.
내 안에 기억의 주머니가 있다면
내 안에 기억을 담아두는 상자가 있다면
나는 경전과 어록의 말씀을 담고 싶었습니다.

눈길이 슬그머니 한 번 스쳐지나가는 것이
우목寓目이라면 우목은 소중한 것입니다.
기억의 주머니 기억의 상자를 가리켜
낭상囊箱이라 한다면 이 또한 귀한 것입니다.

그런데 지금 나는 아는 게 없습니다.
기억의 주머니에는 가을바람이 스쳐갔고
기억의 상자는 휑뎅그렁하니 비었습니다.
담겨있는 것이라고는 시간의 찌꺼기일 뿐이고
그 시간을 어지럽게 살아온 중생의 삶일 뿐입니다.

기억의 주머니에는 욕심만이 가득하고
기억의 상자에는 교만만이 꽉 차 있습니다.
세상을 다 아는 것처럼 거들먹거리는
아만의 찌꺼기로 가득한 상자요 주머니입니다.

0789 붙일 우 寓

붙일 우寓 자는 꼴소리 문자입니다.
집, 집 안을 뜻하는 갓머리 부수와
소릿값이면서 '가끔'의 뜻을 지닌 글자
땅 이름 옹/긴꼬리원숭이 우禺로 이루어졌습니다.
가끔 몸을 쉬는 집이고 임시 사는 곳입니다.

이 붙일 우寓 자에 담긴 뜻으로는 부치다, 보내다, 맡기다
위탁하다, 기탁하다, 붙어살다, 임시로 살다
남에게 의지하여 살다, 머무르다, 객지에서 묵다
핑계 삼다, 구실 삼다, 우거寓居, 남의 집에 붙어살다
나무 위나 굴 속에서 사는穴居 족제비, 숙소, 여관
객사 등이 있습니다.
관련된 한자로는 붙일 우厲, 더부살이 교, 높을 교僑
붙일 기寄 자 등이 있습니다.

긴꼬리원숭이 우禺가 들어간 글자만 보면
나는 많은 시간을 망상삼매에 들곤 했습니다.
나는 내 안에 우禺를 기르고 있었습니다.
긴꼬리원숭이 과猓도 아니고
긴꼬리원숭이 유狖도 아니며
하필이면 긴꼬리원숭이 우禺였습니다.
더러는 족제빗과라고도 하고
혹은 긴꼬리원숭잇과라고도 하는데
이들을 통틀어 장미원長尾猿이라 합니다.

과猓는 오랑캐로서 다행히 사람이고
유狖는 족제비로서 잽싸기나 하지
우禺는 항상 2%가 부족한 그 무엇이었습니다.

나 자신을 돌아보면 그대로 우愚였지요.
마음心에 참眞이 없이 어리석었愚고
자신이 누군지 모르는 허수아비偶였으며
번듯한 집 한 채 없는 더부살이寓였습니다
하긴 누구나 지구에 더불살이寓들이지만 말입니다.
나는 늘 어깻죽지膈, 髑가 부실하여
글을 쓰다가는 주무르는 게 일이었고
찌는燠 삼복더위에도 자투리 시간이 나면
밭매던 호미를 내려놓고
책을 들어 손에서 놓지 않았습니다.

그럴 때 내 어머니는 안달하셨지요.
"너는 우띠게 된 게 쉴 줄도 모르냐?"시며
바가지에 시원한 물을 떠 주곤 하셨습니다.
나는 소리내어 웃어본 적이 거의 없습니다.
어머니가 건네는 물바가지를 들고
그냥 기뻐서愉 싱긋 웃을 뿐이었습니다.
지금은 그래도 치아가 고른 편이지만
어렸을 때 덧니齲 때문에 웃지도 못했지요.
물바가지를 건네시는 어머니 표정에는
당신의 아들을 괴는 모습이 역력해 보였습니다.

13살에 가정 형편상 학교를 그만두고
나는 험한 농사일에 뛰어들었지요.
집에서 300m는 족히 떨어진 우물에서
애써 길어온 물동이甁를 어머니에게 건네다가
나는 어머니께서 이미 받으신 줄 알고
손잡이를 놓아 동이를 덜컥 깨먹었습니다.
우리집 재산 2호쯤 되는 질그릇 동이였습니다.
그로 인해 나는 생전 처음으로
어머니에게 꾸지람을 듣게 되었습니다.
반성하는 뜻에서 두 손을 들고 있었는데
사립문閭 안으로 들어서시는 어머니를 보고
다시 바짝 긴장하고 있었습니다.
"넌 아직鱉도 손을 들고 있냐?
지금 몇 점째인 줄 알어?
두 점째다."
두 점째라면 두 시간이 지난 것입니다.
"어무이, 제 팔이~ 제 다리가~"
나는 혀가 굳어 입만 달싹일嗎 뿐이었습니다.
아으! 나는 이렇게 모자라는禹 사람偶입니다.

0790 눈 목 目

目

눈 목 目 자는 꼴소리 문자입니다.
사람의 눈 모양을 그대로 본뜬 글자입니다.
따라서 꼴소리形聲 외에 상형 문자로도 봅니다.
선진 시대에는 보통 눈처럼 가로로 길게 썼는데
후한 이후로 세로로 긴 글자꼴字形로 썼습니다.

글자가 지금처럼 세로로 길게 변한 것은
세로쓰기 한자법에 맞춘 것이지요.
그러고 보면 옛글자는 가로 눈㎜이고
후한 이후 요즘 글자는 세로 눈目이니
옛글자가 훨씬 더 사실적이었다고 보여집니다.

눈 목 目 자에 담긴 뜻으로는 눈, 감각 기관, 눈빛, 시력
견해, 안목, 요점, 옹이, 그루터기
풀 나무 따위 아랫동아리, 제목, 표제, 목록, 조목
중요 항목, 이름, 명칭, 그물 구멍, 눈, 우두머리, 두목
품평, 평정, 보다, 주시하다 일컫다, 지칭하다 따위입니다.

또는 예산편제상 단위의 하나로
항項 아래에 놓이고 절節 위에 해당합니다.
또는 생물 분류 단위의 하나로서
강綱과 과科 가운데 놓이는 게 목目입니다.
생물의 분류 단위는 다 알고 있지요.
부처님의 구류중생 분류법과
아리스토텔레스의 유혈무혈법
린네의 계문강목과속종 등이 있지만
오늘은 여기서 그칩니다.

눈 목目 자와 관련된 한자를 볼까요.
눈 안眼 자는 '눈 불거질 은' 자로도 새깁니다.
발음상 '눈 목目'보다 '눈 안眼'이 부드럽습니다.
그래서일까 자세히는 알 수 없으나
눈 목目 자는 문어체文語體로 보는 데 비해
눈 안眼 자는 구어체口語體로 보고 있습니다.
따라서 요즘은 눈 안眼 자를 즐겨씁니다.

0791 주머니 낭 囊

주머니 낭囊 자는 꽤나 복잡하지요?
입구口 부수에 총 22획으로 꼴소리 문자입니다.
약자 주머니 낭囊 자의 본자입니다.
입, 먹다, 말하다의 뜻을 지닌 입구口 부수와
소릿값 도울 양襄의
생략형이 합하여 이루어졌습니다.
주머니 낭囊 자에 담긴 뜻으로는
주머니, 자루, 헝겊 따위로
길고 크게 만든 주머니, 불알, 고환睾丸
주머니에 넣다, 싸서 동여매다
두르거나 감거나 하여 묶다 등이 있고
관련 한자로 주머니 낭囊 자가 있습니다.

0792 상자 상 箱

箱

상자 상箱 자는 꼴소리 문자입니다.
대나무의 뜻을 나타내는 대죽竹 부수와
소릿값인 서로 상相으로 이루어졌습니다.
대나무 상자의 뜻입니다.
상자箱子, 곳집, 곳간으로 지은 집
곁채 따위 뜻이 들어있습니다.

그릇에는 크게 2가지 꼴形이 있습니다.
첫째는 주머니형이고 둘째는 상자형입니다.
주머니형은 부드러운 소재로 하고
상자형은 딱딱한 소재를 사용합니다.
주머니형은 비어있을 때 그릇이 작아지고
상자형은 내용물의 유무에 상관없이
그릇은 늘 같은 형태를 유지하고 있습니다.
이를 보자기 문화와 함函 문화로 얘기하지요.
보자기 문화가 소위 주머니 문화라면

함 문화는 상자 문화라 할 수 있을 것입니다.
상자 속에는 유형의 문화를 담고
주머니 속에는 무형의 문화를 담습니다.

어릴 적 나의 스승 이재훈 훈장님은 말씀하셨지요.
"옛날 벼슬아치吏들은 집宀 안에
늘 2개의 주머니皿를 비치해 두었다.
그게 무슨 주머니인 줄 알겠느냐?
금권金權 주머니와 관권官權 주머니니라."
나는 그 후 주머니에 관한 얘기가 나오면
주머니 낭囊 자를 풀던 훈장님이 생각납니다.

훈장님은 이어 말씀하셨지요.
"그들은 우물井 바닥ㅡ에도 돈을 숨겼지.
겉表으로는 그럴듯한 옷衣을 걸치고...
참 그리고 보면 요즘이 말세가 아니라
그 먼 옛날부터 말세는 이미 시작되었구나."
50여 년 전 훈장님 말씀이기는 하지만
주머니 낭囊 자를 제대로 풀이하셨습니다.
요즘 내가 풀어도 훈장님 생각을 넘지 못합니다.
내용물을 비우면 주머니는 감출 수 있습니다.
부피를 최소한 줄일 수 있는 까닭입니다.

상자는 내용물을 다 비우더라도
외형의 부피를 그대로 지니고 있으므로
감추기가 그다지 쉽지는 않을 것입니다.

상자와 주머니의 장단점은 또 있습니다.
주머니는 부드럽기에 내용물이 깨질 수 있으나
상자는 단단하기에 내용물을 잘 보존할 수 있습니다.
앞으로 나는 나의 기억의 주머니와
기억의 상자를 과감하게 바꿀 것입니다.
기억의 상자에는 지나간 시간을 담아두고
기억의 주머니는 희망의 주머니로 이름을 바꾸어
희망의 주머니에 다가올 시간을 담을 것입니다.
과거는 보존의 가치가 있기에 단단한 상자에 담고
미래는 창조이기에 부드러운 주머니에 담으렵니다.

지나간 시간이여, 안녕!
다가올 시간이여, 안녕!

<199>
이易유輶유攸외畏
속屬이耳원垣장墻

0793 **쉬울 이** 易

0794 **가벼울 유** 輶

0795 **바 유** 攸

0796 **두려울 외** 畏

소홀하고 경솔함은 두려워할바
담장에도 귀가있음 마음에두라

0793 쉬울 이 易

易

바꿀 역, 쉬울 이 易, 날 일 日 부수에 그림 문자입니다.
쉬울 이 易 자는 도마뱀에서 왔다는 설과
햇 日 살 勿이 쏟아지는 모습이란 설이 있습니다.
도마뱀은 아주 약삭빠르게 옮겨 다니므로
자주 바뀌다, 쉽게 변하다의 뜻이 있고
햇살도 늘 흐렸다 개었다 자주 바뀝니다.
그러나 구름에 가리어 비추지 못할 뿐
언제 어디서나 비추므로 쉽다는 뜻이 됩니다.

바꿀 역 易 자로 새길 경우, 바꾸다, 고치다, 교환하다
무역하다, 바뀌다, 새로워지다, 다르다, 전파하다
번지고 퍼지다, 어기다, 배반하다, 주역, 역학, 점 占
점장이, 바꿈, 만상의 변화, 국경, 겨드랑이
도마뱀과의 파충류 등의 뜻이 있습니다.

쉬울 이 易 자로 새길 경우 쉽다, 편안하다, 평온하다
경시하다, 가벼이 보다, 다스리다, 생략하다

간략하게 하다, 기쁘다, 기뻐하다, 평평하다, 평탄하다
주역周易 등의 뜻이 들어있습니다.

이처럼 우리나라에서는 '易' 자를 2가지로 읽지요
Exchange일 때는 바꿀 역易으로 읽고
Easy일 경우에는 쉬울 이易로 읽습니다.
그러나 한자의 본고장인 중국에서는
Exchange든 Easy든 '이yi'로 발음합니다.
물론 같은 '이yi'로 읽더라도 성조는 다르겠지요.
바뀐다는 것易은 쉬움易입니다.

자연의 이치는 바뀌지 않는 게 어려움이지
바뀌는 것이 어려움이 될 수가 없습니다.
우리 인사말에 '여전如前하시지요?'라 하는데
이는 얼핏 보아 좋은 말인 듯하면서도
실제로 알고 보면 그다지 좋은 말이 아닙니다.
앞서 가난하고 힘들고 어렵게 살았는데
여전하느냐면 지금도 그러냐는 것이지요.
뭔가 좀 나아졌느냐고 묻는 게 좋지 않겠습니까?

내가 지난 8월 중순부터 느닷없이 도진
좌골신경통 때문에 병원 2곳을 입원하면서

결국은 수술을 한 뒤 퇴원했습니다.
이때 내게 묻는 안부는 한결같았습니다.
"통증은 좀 나아졌습니까?
"차도는 좀 어떠합니까?"
"훌훌 털어버리고 어서 쾌유하십시오."
"어서 쾌차하시길 빕니다." 따위입니다.

이들 인사말 속에는 여전如前의 뜻이 아니라
앞서 아픔이 이어지지 않고 달라지기를
전보다는 더욱더 낫기를 바라는
이른바 변화變化를 얘기하고 있습니다.

삶은 변화입니다.
삶은 변화를 요구합니다.
일상에서도 변화를 추구합니다.
변화가 없고 발전이 없음은 '죽음'입니다.
생명이 끊어진 것만이 죽음은 아닙니다.
변화가 없고 굴곡이 없는 사회가 죽음입니다.

지구는 시속 1,670km로 자전함과 동시에
시속 108,000km로 공전합니다.
자전의 속도가 마하 1.5 정도로 빠르고

공전의 속도는 자그마치 마하 100입니다.
우리가 살아가고 있는 이 지구도
잠시도 멈추지 않고 운동하고 변화하듯이
그에 맞추어 지구 위의 삼라만상도
계절의 변화를 스스로 만들어내고 있습니다.

그런데 우리 인사말은 '여전하십니까?'입니다.
어떤 이들은 한 수 더 떠서 얘기합니다.
"내 사랑은 변함이 없어!"
"내 마음은 한결같아."
"나는 변함 없는 사람이야."

사랑은 변해야 합니다.
마음도 변해야 하고 사람도 변해야 합니다.
어제의 사랑이 슬픔이었다면
오늘의 사랑은 더 기쁨이어야 하고
어제의 마음이 아픔이었다면
오늘의 마음은 더 즐거움이어야 하고
어제의 사람됨이 내성적이었다면
오늘의 사람됨은 화사한 모습이어야 합니다.
어제의 가난이 이어질 게 아니라
오늘은 어제보다 더 잘사는 삶이어야 하지요.

진정한 변화는 새로운 창조입니다.
창조는 끊임없는 새로움입니다.
하느님의 창조는 한 번으로 끝나겠지만
인간의 창조는 변화에 적응함이며
끝없이 새로움을 만들어냄이며
생각을 불변不變의 창고에 가두지 않고
끊임없이 굴리고, 굴리고 또 굴리는 것입니다.

어느 날 한 거사님이 내게 묻더군요.
"사서삼경의 《역경易經》의 경명을
중국어로는 《이징易經》이라 한다던데
큰스님 생각에는 어떻습니까?"
내가 되물었습니다.
"어떻다니요, 뭐 문제라도 있나요?"
"바뀔 역과 쉬울 이는 새김이 다르잖습니까?"
"그렇습니다. 분명 다릅니다."
"그런데 왜 중국어 발음은 같으냐 이거지요."
"네, 거사님. 그게 바로 중국어니까요."

이해가 되었는지는 잘 모르겠으나
거사님은 앞에 놓인 머그잔의 커피를
단숨에 다 마시고 커피를 더 달라 했습니다.

마음 경계心境에 분명 변화가 생긴 모양입니다.
바뀜의 뜻을 지닌 역易의 세계도
쉬움의 뜻을 지닌 이易의 세계도
우리나라처럼 다르게 발음하더라도
또는 중국어 발음처럼 동일하게 내더라도
변화하고 있는 한 전혀 무리가 없습니다.

0794 가벼울 유輶

輶

가벼울 유輶 자는 수레거변車의 꼴소리 문자입니다.
수레 거車의 수레는 2개의 바퀴이거나
또는 4개의 바퀴로서 이루어진 것입니다.
혹은 말이 끌고 혹은 소가 끕니다.
때에 따라서는 사람이 끌기도 합니다.
그래서 우마차牛馬車가 있고
사람이 끄는 인력거人力車가 있습니다.

대승불교의 꽃《묘법연화경妙法蓮華經》에 따르면

양이 끄는 수레羊車
사슴이 끄는 수레鹿車
소가 끄는 수레牛車가 있습니다.
이를 일컬어 성문의 수레라 하고
연각의 수레 보살의 수레라 부릅니다.
그리고 이들 세 수레三乘를 뛰어넘어
일불승一佛乘이 있으니 백우거白牛車입니다.
글자 그대로 흰소가 끄는 수레입니다.
수레는 무겁고 천천히 달리는 게 있는가 하면
가볍고 빨리 달리는 수레가 있습니다.
유거輶車는 가볍고 빠른 수레입니다.
유거의 유輶에서 추장 추酋 자를 쓴 것은 추장
곧 우두머리가 타는 수레이지요.
유헌輶軒은 천자의 사신이 타는 수레입니다.

오늘날 자동차는 무게가 중심이 아니라
배기량과 속도를 중시하고 있습니다.
배기량이 높은 차가 무거운 차고
배기량이 낮은 차는 가벼운 차입니다.
정지상태에서 시속 100km에 이르기까지
얼마의 시간이 걸리느냐에 따라
차의 순발력을 자랑할 수 있습니다.

오늘날도 동력의 단위를 얘기할 때는
말의 힘.馬力horse power으로 표현합니다.

일반적으로 여성들과 달리
남성들은 자동차에 관심이 많은 편입니다.
고급 승용차냐, 중소형이냐, 경차냐?
수입차냐, 아니냐를 떠나 차는 모두 소중합니다.
그러나 차는 사람의 생명을 싣고 다닙니다.
그런 까닭에 형편이 자라간다면
생명을 지켜줄 수 있는 차가 좋은 차겠지요.

여기 《천자문》에서 얘기하는 쉽고 가벼움은
난이도難易度의 어려움과 쉬움이 아니고
수레의 중重하고 경輕함이 아닙니다.
으레 자동차의 경중의 경도 아닙니다.
사람이 지닌 마음의 가벼움이고
사람이 움직이는 행동의 가벼움이며
사람이 토해내는 말의 가벼움을 말합니다.
말과 행동과 마음을 쓰되
쉽고 가볍게 하지 말라는 뜻이겠지요.

0795 바 유攸

攸

바 유攸자는 등글월문攵의 뜻모음 문자입니다.
등글월문攵, 攴은 '일하다'의 뜻 외에
'회초리로 치다'의 뜻을 내포하고 있습니다.
사람 인人, 갈고리 궐亅, 등글월문攵
세 글자가 한데 모여 이루어진 글자입니다.
갈고리 궐亅 자는 따로 독립된 글자지만
여기서는 물 수水 자에서 양쪽 흐름이 생략된
이른바 '생략형 물 수亅'이므로 물의 뜻입니다.
또는 '물 흐르는 모양 유浟' 자라든가
'흐르는 물 유汝'와 같은 자로 보는 까닭입니다.
물에서 사람을 수영시킨다는 의미입니다.
이 바 유攸 자에 담긴 뜻으로는
바所, 곳, 장소, 처소, 이, 이에, 어조사, 달리다, 빠르다
재빠른 모양, 위태로운 모양, 오래다, 장구하다
위태롭다, 아득하다 따위가 있습니다.
비슷한 글자로는 물 흐르는 모양 유浟를 비롯하여
흐르는 물 유汝, 거둘 수收 자가 있습니다.

0796 두려울 외畏

두려워할 외畏 자는 밭 전田 부수에 뜻모음 문자입니다.
그림象形 문자나 꼴소리形聲 문자와 달리
뜻모음會意 문자는 생각보다 매우 복잡합니다.
이 두려워할 외畏 자도 참 복잡하지요.
두려울 외畏 자를 분해해 놓고 보면
옛날 불알(괘종)시계 만큼이나 복잡합니다.
밭 전田 자와 불, 귀신머리, 죽은 사람의 머리一와
삐침별丿과 죽음의 뜻, 비수 비匕 자, 이들 4글자가 모여
매우 음산하고 혐오스럽고 무서움로 표현됩니다.

나중에 '무서워하고 조심하다'가
'황공스럽게 여기다'의 뜻으로 변했습니다.
뚜안위차이의 《설문해자주說文解字注》에 따르면
귀신 머리에 호랑이 발톱을 하고 있다 하고
그런 까닭에 추악하고 무섭다고 합니다.

갑골문자에 의해 풀어보면

머리를 묶은 귀신이 손에 긴 막대기를 들고
착해 보이는 사람을 때리는 모습입니다.
따라서 사람을 협박하는 뜻을 담고 있지요.
귀신 얘기라니 상상만 해도 무섭지 않습니까.
그래도 중국의 귀신은 귀여운 편입니다.
중국의 귀신 강시殭屍 Frozen corpse는
대개 남자 귀신인데 뛰는 모습에서부터
전혀 무서운 기색이라곤 없습니다.

서양의 귀신은 어떻습니까.
뱀파이어Vampire는 좀 무서운 편이지만
초자연력에 의해 시체로 되살아난 모습
좀비Zombie보다는 덜한 것 같습니다

가장 무서운 귀신은 바로 한국 귀신이지요.
머리를 풀어헤치고 핏기 없는 얼굴에
붉은 입술 하얀 치마저고리에
피라도 묻어 있으면 그야말로 꿈에 볼까 무섭습니다.
게다가 한을 품고 죽은 여자 귀신이라면
그 공포는 더할 나위가 없습니다.

남자의 엉큼함보다는 여자가 지닌 표독성이

죽은 자에게서 더 깊게 느껴지는 것은
이는 산 자와 죽은 자의 문제가 아닙니다.
인간 본능에 자리한 팜므파탈의 세계를
남성이 여성을 따라갈 수 없기 때문일 것입니다.
이는 나의 주관적인 느낌일 수 있습니다.

이 두려워할 외畏에 담긴 뜻으로는
두려워하다, 경외하다, 꺼리다, 심복心服하다
마음으로 기뻐하며 성심을 다해 순종하다, 조심하다
으르다, 협박하다, 무서운 말이나 행동으로 위협하다
죽다, 세상을 버리다, 두려움 등이 들어있습니다.

두려울 외畏 자와 관련된 한자로는 겁낼 겁怯
두려울 포怖, 두려울 송悚, 두려울 황惶, 두려울 구懼
두려울 공恐 자 등이 있습니다.
어젯밤 귀신 꿈꾼 분 없습니까?
간밤에 귀신 꿈을 꾸고 나면
이튿날 귀인이 나타난다고 합니다.

<200>
이易유輶유攸외畏
속屬이耳원垣장墻

0797 **붙일 속** 屬

0798 **귀 이** 耳

0799 **담 원** 垣

0800 **담 장** 墻

소홀하고 경솔함은 두려워할바
담장에도 귀가있음 마음에두라

하루는 젊은 친구가 내게 물었습니다.
"큰스님, 이명법에 좀 더 쉬운 예는 없을까요?"
수줍음을 타는 그에게 내가 되물었습니다.
"좀 더 쉬운 예라! 자네 이름이 뭐였지?"
"네, 큰스님. 조석호입니다."
"조석호라! 그래, 어디 조씨인가?"
"네, 큰스님, 한양 조가입니다."
"앞으로는 항상 '한양 조씨'로 답하시게."
"네 큰스님, 입에 올라서! 명심하겠습니다."

0797 붙일 속 屬

무리 속, 이을 촉屬으로도 새깁니다.
주검시엄尸 부수의 꼴소리 문자입니다.
붙일 속属의 본자로
주검의 뜻을 나타내는 주검시엄尸 부수와
소릿값 나라 촉蜀이 합하여 이루어졌습니다.
나라 촉蜀은 산누에나방의 유충幼蟲인데

벌레가 잎에 붙어 있음을 나타냅니다.
꼬리 미尾는 동물의 엉덩이고 꼬리입니다.
여기서는 동물들끼리 꼭 붙음을 나타냅니다.
붙을 속, 붙일 속屬의 뜻이 붙다, 따르다 따위지요.
이을 속續 자와 소리만 같을 뿐 아니라
뜻까지도 모두 관계가 깊습니다.

이를 무리 속屬 자로 해석할 경우
무리, 모여서 뭉친 한 동아리, 동아리
같은 뜻으로 모여 한패를 이룬 무리, 벼슬아치, 혈족, 붙다
부착하다, 거느리다, 복종하다, 수행하다, 나누다
사랑하다 따위입니다.
이을 촉屬 자로 새길 경우 잇다, 모이다, 불러 모으다
글을 짓다, 글을 엮다, 부탁하다, 흡족하다, 원한을 맺다
조심하다, 권하다 따위와 때마침, 마침, 공경하는 모양
달린 것, 본관에 속한 별관의 뜻이 들어있습니다.

생물 분류의 한 단위로서
종種 위에 놓이고 과科 아래에 딸립니다.
참고로 생물 분류의 단위를 열거하면
계界, 문門, 강綱, 목目, 과科, 속屬 ,종種으로
속屬은 한참 아래 단계입니다.

찰스 다윈의 《that Originally of Species》

곧 《종種의 기원에 대하여》에서

그 종種의 바로 위 단계가 속屬Genus입니다.

이왕 무리 속屬 자에 관한 얘기가 나왔으니

무리 속屬 자와 가지 종種 자가 함께 쓰인

이명법二名法Binomial nomenclature을 볼까요.

이명법二明法에서 반드시 쓰이는 게

속명屬名generic name과

종명種名specific name입니다.

이를 한 마디로 학명學名scientific name이라 합니다.

다시 말해 생물학에서 생물의 종에 붙인

분류학적인 이름을 일컫는 것이며

학명의 표기는 종과 속의 이름으로 사용합니다.

이러한 방법을 최초로 고안한 사람은

스웨덴의 식물학자 칼폰 린네Linne입니다.

린네는 스스로 많은 식물에 학명을 붙였지요.

학명은 최초 고안자 린네의 제안에 따라

라틴어 또는 라틴어화한 낱말로 구성되며

속의 이름과 종의 이름을 나란히 이어 씁니다.

학명 뒤에 이름을 붙인 사람과 아울러

이름 붙인 연도를 밝히기도 합니다.
가령 오이 학명은 Cucumis sativus입니다.
여기서 앞에 놓인 Cucumis는 속명generic name이고
sativus는 종소명種小名specific name입니다.
또는 species epithet이라고도 합니다.

사람을 예로 들면 이렇습니다.
사람의 학명學名은 Homo sapiens인데
이를 기울여 표기합니다.
손으로 쓸 때는 Homo sapiens 아래 밑줄을 긋습니다.
처음에 오는 속명은 항상 대문자로 시작하고
소종명小種名은 소문자로만 표기합니다.
인쇄물일 때 속명과 종명은 이탤릭체로 쓰며
명명자命名者의 이름은 정체로 씁니다.
벼의 학명은 Oryza sativa Linne입니다.
이때 'Oryza'는 속명으로서
대문자로 시작되는 라틴어 명사입니다.
'sativa' 는 종명 또는 소종명으로서
소문자로 시작되는 라틴어 형용사입니다.
그리고 'Linne'는 벼에 처음으로 학명을 붙인
명명자 Carl von Linne의 이름입니다.
학명은 단 두 단어二名로

모든 생물 종을 표기할 수 있어 효율적입니다.

학명은 전 세계 어디서나 동일하게 쓰이며
하나의 학명은 오직 하나의 생물 종만을 가리키므로
생물학의 표준으로 사용되고 있습니다.

가령 사람을 얘기할 때 나라마다 다르겠지요.
우리나라는 '사람'이라 할 것이고
중국에서는 '렌人ren'이라 하고
일본에서는 '히또人ひと'라 하겠지요.
영어로는 맨man이 될 것이고
케냐 탄자니아에서는 '음투mtu'라 표현합니다.
그러나 학명은 Homo sapiens입니다.
공간적으로 전 세계 어느 나라 어디에서도
시간적으로 아무리 많은 세월이 흘러도
한 번 붙인 학명은 그대로 통용됩니다.
학명에는 개명改名이란 있을 수 없습니다.
대부분은 사어인 라틴어로 기록되기에
비록 많은 시간이 지나더라도
그 의미가 변하지 않는 장점이 있습니다.

그래도 이해가 안 가는 이들이 있습니다.

앞서 대화를 나눈 조석호로 돌아갑니다.
한양 조씨의 조석호 군을 놓고 볼 때
한양이란 본관은 속명屬名에 해당하고
조씨라는 씨종은 종명種名입니다.
그리고 뒤에 붙는 명명자는 대한민국입니다.
학명에서도 명명자는 생략할 수 있습니다.
단, 이들 속명과 종명, 명명자는 바꿀 수 없습니다.

그럼 '석호'라는 개인 이름은 어쩌지요.
벼나 오이나 가지나 학명으로 분류는 하되
벼이삭 하나하나마다 붙여진 이름과
오이와 가지에 붙은 낱낱 임시 이름은
개별적인 것이라 부류部類의 류類가 아닙니다.
석호라는 이름도 개인일 뿐 류類는 아니지요.

0798 귀 이耳

耳

귀 이耳 자는 '팔대째손자 잉耳' 자로도 새깁니다.
귀 이耳 부수의 꼴소리 문자입니다.
귀의 모양을 본뜬 글자로서
꼴소리形聲 외에 그림象形 문자로도 봅니다.
귀 이耳 자를 보면 부처님 생각이 납니다.
부처님 귓불은 어깨에 닿았다고 하니까요.
역사상 큰 귀에 귓불이 늘어진 분이 또 있습니다.

태상노군太上老君으로 신격화된
라오즈老子 리얼李耳Li Er이란 분입니다.
명저《타오더징道德經》을 남긴 이로
태어날 때부터 귀가 남달리 크고 늘어져
리李씨 성에 이름을 얼er로 지었다고 합니다.
귀가 크면 남의 얘기를 듣는데 뛰어나지요.
뛰어나다는 말은 청력이 좋다기보다
사람의 마음을 잘 받아들인다는 것입니다.

관상에서 소홀하게 넘길 수 없는 곳이
눈, 코, 입술 못지않은 게 귀입니다.
자기 얘기를 잘하는 사람보다
남의 얘기를 귀담아 잘 들어주는 사람이
많은 사람의 꾐과 존경을 받습니다.

이는 변화 속에 변하지 않는 삶의 법칙입니다.
귀 이耳 자에 담겨 있는 뜻으로는
귀, 오관의 하나, 성한 모양, 뿐, 따름, 귀에 익다
듣다, 곡식이 싹나다, 팔 대째 손자 등이 있습니다.

0799 담 원 垣

垣

흙 토土 부수의 꼴소리 문자입니다.
뜻을 나타내는 흙 토土 부수와
소릿값 뻗칠 긍亘이 합하여 이루어졌습니다.
담긴 뜻으로는 담, 담장, 울타리, 관아, 별자리, 별 이름
담을 두르다, 에워싸다 따위며
관련된 한자로는 담 도/강 이름 자堵, 담 용墉
담 장墙,牆 자 등이 있습니다.

0800 담 장墻

墻

장수장변爿의 담 장牆으로도 씁니다.
이 담 장牆 자는 꼴形소리聲 문자이며
흙토변土의 담 장墻과 같은 자입니다.
나뭇조각의 뜻을 지닌 장수장변爿 부수와
소릿값이면서 '세우다'의 뜻을 가진
글자 아낄 색嗇 자로 이루어졌습니다.
나무를 늘어세워서 막은 담장입니다.

이 담 장牆 자에 담긴 뜻으로는 담, 담장, 경계
관을 덮는 옷, 관의 옆 널, 궁녀, 담을 치다
쌓다 등이 있습니다.

담 원垣이 담의 길이를 표현했다면
담 장牆은 담의 높이를 표현합니다.
담 원垣이 흙과 돌로 쌓은 담장이라면
담 장牆은 철골과 시멘트로 친 담장입니다.
덕수궁 돌담길 옆에 처진 담은 원垣이요,

교도소 밖으로 둘러친 담은 장牆입니다.

옛날이나 지금이나 말조심 행동조심은
모든 백성의 단골메뉴입니다.
그도 그럴 것이 사람의 마음은
파충류 가운데 다리 없는 뱀과 같습니다.
다리가 없기 때문에 곧장 가고 싶어도
패션 워커의 걸음처럼 곧게 가지 못합니다.
빠져나갈 수 있는 대통 속밖에 없다면
으레 곧게 갈 수밖에 없겠지요.
400개가 넘는 척추 뼈와
뼈에 붙어있는 근육을 움직여
미끄러지듯 앞으로 나아가는 뱀의 사행운동은
언제 보아도 신기하고 신기할 따름입니다.

현재 지구상에 분포한 뱀의 속과 종은
남극권을 제외하고 456속屬으로
2,900여 종種이 서식하는 것으로 밝혀졌습니다.
아무튼 사람의 마음도 마치 사행운동으로
나아가는 뱀과 같아
남이 보지 않는 곳에서는 마음이 풀어지지요.
그래서 뜻하지 않게 실언을 하고

그 실언한 내용이 담장에 붙은 귀를 통해
밖으로 또 밖으로 퍼져나갑니다.

담장에도 귀가 있으니
행동을 조심하고 말을 조심하라 합니다.
마음의 세계는 어차피 보이지 않으니까
표정만 들키지 않는다면 괜찮겠지요.
하지만 옛날 담장과 요즘 담장은 다릅니다.
예전에는 귀를 붙이는 데서 끝났지만
요즘은 동영상으로 찍기 때문에
보통 조심스러운 게 아닙니다.

고정된 CCTV만이 속이屬 耳가 아닙니다.
움직이는 속이, 곧 숨은 카메라는
우리나라 사람들이 모두 갖고 있습니다.
스스로 남을 찍으며 동시에 남에게 찍힙니다.
손에 들고 다니는 스마트폰만이 아닙니다.
이 세상 그대로가 원형카메라입니다.
눈에 보이는 모든 사물이 나를 찍고 있고
보이지 않는 공간이 나를 찍습니다.

김영란 법의 통과로 란파라치가 겁난다고요.

더 무서운 것은 이 거대한 우주 공간입니다.
그대로 찍어 염라대왕에게 전송합니다.
찍으면서 동시에 전송하는 최첨단 시스템을
이 세상은 이미 일찍부터 개발해 왔습니다.
콩즈께서 '신독愼獨'을 말씀하신 것이
자그마치 기원전 500년 전의 일이고
시왕전 염라대왕 옆 업경대라는 모니터도
이미 기원전 500년 전부터 설치되었습니다.

들뜬 마음을 파고드는 속이屬耳
담장이 아니라 세상이 곧 속이입니다.
하늘을 우러러 한 점 부끄러움 없는 자유를
우리 모두 스스로 만끽할 일입니다.

동봉스님의 천자문 공부 8권

발행	2025년 3월
지은이	동봉 스님
펴낸곳	도서출판 도반
펴낸이	김광호
편집	김광호(월암), 이상미(다라)
대표전화	031-983-1285
이메일	dobanbooks@naver.com
홈페이지	http://dobanbooks.co.kr
주소	경기도 김포시 고촌읍 신곡리 1168

*이 책은 저작권법에 의해 보호를 받는 저작물이므로 무단 전재와 무단 복제를 금합니다.